佤族中学生
语言学习与
民族认同研究

武咏梅 甘开鹏 著

云南大学出版社

图书在版编目（CIP）数据

佤族中学生语言学习与民族认同研究／武咏梅，甘
开鹏著. --昆明：云南大学出版社，2012
ISBN 978 - 7 - 5482 - 1064 - 1

Ⅰ．①佤… Ⅱ．①武…②甘… Ⅲ．①佤族—中学生
—语言学习—研究 Ⅳ．①H09

中国版本图书馆 CIP 数据核字（2012）第 130980 号

佤族中学生语言学习与民族认同研究

武咏梅　甘开鹏　著

策划编辑：赵红梅
责任编辑：石　可
封面设计：丁群亚
出版发行：云南大学出版社
印　　装：昆明理工大学印务包装有限公司
开　　本：787×1092　1/16
印　　张：9.75
字　　数：220 千
版　　次：2012 年 6 月第 1 版
印　　次：2012 年 6 月第 1 次印刷
书　　号：ISBN 978 - 7 - 5482 - 1064 - 1
定　　价：20.00 元

地　　址：昆明市翠湖北路 2 号云南大学英华园内（邮编：650091）
发行电话：0871 - 5031071　5033244
E - mail：market@ ynup. com
网　　址：http：//www. ynup. com

前　言

　　学习者的社会心理，包括态度、动机、自主学习策略和学习策略等，是语言学习研究的重要组成部分。学习者对目的语文化持积极态度，便会培养出第二语言的强大策略和很高的第二语言能力（Gardner & Lambert, 1972; Noels et al, 2001）。同时，学习者的母语得以保持而不消失。但是，有时学习者对目的语文化持非融合态度或否定态度，却也能成功地学习第二语言（Gardner & Lambert, 1972）。国外有关研究如此，那么，中国少数民族学生在习得外语的过程中是否亦是如此呢？

　　加拿大心理学家 Gardner & Lambert（1972, 1985）提出了第二语言习得的社会心理学和社会教育学的经典理论：学习态度影响学习动机，学习动机又反过来作用于学习态度，学习态度和动机与学习成绩和语言水平关系密切，持有融合型动机学习者的第二语言能力高于持有工具型动机的学习者。20 世纪 90 年代是第二语言学习动机研究的多元化时期，来自世界不同国家的研究者们认为，经典研究无法充分解释所有语言学习的原因以及学习者的个体差异因素，于是主张从心理学的其他领域引入新的理论、概念，在原有的理论基础上寻找涵盖更广的理论框架（Crookes & Schmidt, 1991; Schimidt, Boraie & Kassabgy, 1996; Skehan, 1989, 1991）。

　　自从 Chalon 于 1971 年在欧洲会议第一次提出自主学习的概念以来，国外已经形成了多种关于自主学习的理论观点，其中 Holec（1981），Jeffries（1990），David Gardner & Lindsay Miller（1999）等均对自主学习概念及理论形成作出了重要的贡献。Holec 认为，自主学习就是学习者在学习过程中"能够对自己的学习负责"，是"一种学生自我管理语言学习的能力"。Benson 和 Maller 认为自主学习者具有完全依靠自身学习的环境，知道学什么，如何学，有学习责任感，有自我评价能力。美国学者齐默尔曼提出："当学生在元认知、动机和行为三个方面都是一个积极的参与者时，其学习就是自主的。"

　　1958 年 Simon 等人在计算机模拟研究中提出了"学习策略"的概念。学习策略（Learning strategy）作为一个教育心理学的正式专有名词，它是一个多学科研究的、多层次和多维度的心理品质。关于学习策略的定义，国外学术界没有统一的界定，各研究者尝试从不同角度研究学习策略的内涵及其与外语成绩之间的关系。对学习策略的研究已经延续了半个多世纪，国内外的学者对学习策略作了许多有意义的探索。

　　在我国，有关外语学习者动机、自主学习、学习策略的社会心理研究已有不少成果，大多循着经典及扩张模式的路子，探索动机、自主学习和学习策略对学习成绩的促进作用，及其与其他影响成绩的学习者因素之间的关系（高一虹，2003；石永珍，2000；王慧莉，2000；王湘玲等，2002）。此外，专业、年级、性别、生长环境等因素与英语水平也有交互作用，高一虹等（2003）在这方面进行了系统的、深入的研究。

　　中国少数民族学生英语学习是一种三语学习现象（trilingualism），即先掌握母语，后通汉语，再学英语。西方国家对三语教学的研究主要集中在欧洲，而国内研究刚刚起步。国内有些学者对少数民族学生英语学习动机、态度、习得等进行了研究（张正东，陈治安，1997；李丹河，2002；李少伶，原一川，2003；李强，2005；杨红艳，2006）。然而，对少数民族学生英语学习的态度和动机以及它们与英语水平关系方面的探索，还缺乏系统的研究，可以说是国内外语研究的一个重要的、欠深入研究的领域。并且，关于语言学习与民族认同关系方面的研究也并不多，仅有主要侧重于民族教育与民族认同之间关系的研究。尤其值得一提的是，在全球化日益渗透的情形下，外语教育的普及化是否会削弱少数民族群体对本民族的认同和对国家的认同？本书的研究目的旨在探索在少数民族学生三语学习的情况下，借鉴西方第二语言习得和外语学习动机和策略的理论，运用社会心理学和社会教育学的方法，以云南佤族中学生为样本，采用定量研究与定性研究相结合的研究方法，试图构建中国少数民族学生英语学习动机、自主学习策略和学习策略以及与英语成绩、民族认同之间关系的研究模式，为促进少数民族学生英语学习水平的提高，同时保护民族语言与民族认同的延续提供理论建议。

本书在调研过程中得到了西盟佤族自治县教育局和沧源佤族自治县教育局的大力支持。谨在此致以衷心的感谢。

著 者
2012 年春 昆明

目　录

第一章　研究的缘起

随着社会的迅猛发展和文明程度的不断提高，知识经济时代悄然来临。罗马俱乐部的研究报告《学无止境》中指出："一个不容忽视的事实是：当代学习的不足，导致了人类状态的恶化和人类差距的扩大，我们的学习方法是令人震惊的落后，这种状况使个人和社会在对付全球问题所提出的挑战方面，仍处于全世界都不发达的水平，……学习的失败从根本上说是我们一切问题的问题，这是因为这种失败限制了我们对付很多全球性问题中的其他每个问题的能力。"①

佤族是中国西南地区的一个少数民族，也是一个跨中国、缅甸边界而居的跨境民族。佤族在全球有 100 多万，其地理分布大致为东经 99°~100°，北纬 22°~24°，位于澜沧江和萨尔温江之间，属怒山山脉的南段展布地带。佤族人口主要分布在中国云南以及缅甸和泰国。其中，中国云南有近 40 万人，西盟县和沧源县是佤族最为集中的居住地，是全国仅有的两个佤族自治县。在云南省世居的少数民族中，佤族是一个极具特色的民族，创造了丰富多彩的文化。

在多民族的边疆，各民族之间的文化传递和民族交往，使民族文化间的文化差异不断缩小，民族文化的独特性正逐渐削弱，而伴随民族文化发展的民族文化认同也发生了巨大的变化，尤其是作为民族文化认同首要标志的民族语言，在一些少数民族中，也濒临消失的危险。民族文化认同关系到民族文化的生存和发展，而民族语言教学又是保存和传承民族语言以及民族文化的重要手段。但从研究来看，我国佤族地区语言教学中，汉语和英语的学习逐渐占据了主流地位，出现单方面对主流语言和主流文化产生积极认同的倾向，而本族语言却正面临着弱化的趋势。尤其值得一提的是，在全球化日益渗透的情形下，外语教育的普及化是否会对少数民族语言产生负面的影响？又是否会削弱少数民族群体对本民族的认同和对国家的认同？

一、研究背景和意义

随着多元文化主义影响的日益扩大，基于民族文化在多元文化中的重要性，人们逐渐意识到民族文化的独特价值和功能，并且这种价值和功能也日益得到了人们的肯定。然而，在全球一体化的趋势下，世界各个民族的文化日益趋同，彼此间的文化差异在不断缩小，民族文化的独特性也因此面临着消亡的可能。多元文化是在人类社会越来越复杂化，信息流通越来越发达的情况下产生的。特别是信息技术的应用和逐步普及，如网络的兴起，极大地缩短了人们之间的时空距离，使人们的联系和交流更加密切。不同文化形态之间的相互渗透和相互交融，使文化主体开始从区域文化走向全球文化和现代化。在我国，

---

① ［美］J. W. 波特金，林均译：《回答未来的挑战》，上海：上海人民出版社，1984 年版。

存在着主体民族文化和少数民族文化并存的现象。在文化多元化、全球化、现代化的大背景下，各民族文化应"不断突破本民族文化的地域和模式的局限性而走向世界，不断超越本民族文化的国界并在人类的评判和取舍中获得文化认同和价值认同，不断将本民族文化区域的资源转变为人类共享、共有的资源"①。

语言是人类文化的载体，是人们交流思想的工具。民族语言是民族的基本特征之一，每个民族的语言文字是这个民族的民族文化的重要形式，它不仅记载着本民族人民珍贵的历史经验，而且保存并传播着本民族人民创造的丰富多彩的文化和思想。民族语言的前途，往往预示着民族传统文化的前途。② 一个民族的语言往往折射出该民族独特的生活环境、历史、文化与心理，它既是同一民族的人们赖以相互交流的基本工具，又是把个体与其所属民族的文化连接起来的纽带。人们总是通过他们的语言取得认同，世界上不存在不具有自己的语言、文化与历史的人群。语言是群体同一性的象征，是民族形成的首要因素，共同的语言形成了民族的凝聚力。如果民族的成员转而使用其他民族的语言，定会引起该民族成员的民族认同意识的变化，甚至导致民族文化的丢失。③ 我国是一个多民族、多语言、多文字的国家。"除汉语外，在 55 个少数民族中，53 个民族有自己的语言；在我国的一亿多少数民族人口中，使用民族语言的人口为 6 000 多万，约占少数民族总人口的 60%；有 22 个少数民族使用着 28 种本民族文字，使用人口近 3 000 万，约占少数民族总人口的 30%。"④

我国《宪法》第 4 条规定："各民族都有使用和发展自己的语言文字的自由。"根据宪法精神，我国民族区域自治法、三大诉讼法和国家通用语言文字法等都对此作了明确规定，均以法律的形式赋予了少数民族使用和发展自己语言文字的平等权利。少数民族语言文字按照有无民族文字的角度可分为双语单文型和双语双文型，其中双语双文型适用于有民族文字的民族，各地区根据具体情况的不同，分别规定了民族语和汉语授课的时数；另一种分类方式是从两种语言在学校各科教学中使用范围，划分为部分双语教育和完全双语教育。部分双语教育是指只在民族语文课上用民族语授课，其他课程用汉语，使用全国统编教材，民族语多用于文科课程中，自然科学用汉语。⑤ 总的来说，双语教育具有两方面的作用，一方面旨在既能继承、弘扬、发展本民族传统语言与文化，又能掌握主体民族语言文字，从而更有利于直接吸取接受文明发展的一切优秀成果，接受国内外先进科学技术和经济信息；另一方面旨在保存民族语言文化，使本民族学生不致因为学习主体民族语言文字而失去或降低本民族语文的使用能力。⑥

---

① 丹增："中华文化走向世界的理论思考"，载《云南师范大学学报》（哲学社会科学版）2006 年第 3 期。

② 马戎：《民族与社会发展》，北京：民族出版社，2001 年版，第 232 页。

③ 陈巍："辽宁省阜蒙县蒙古族高中学生民族文化认同的个案研究——兼谈民族语文教学与民族文化认同的关系"，东北师范大学硕士论文，2008 年，第 15 页。

④ 国家民委主任等参观少数民族语言文字工作成就展［EB/OL］．［2007 - 11 - 28］．http：/ww w. gov. cn/gzdt/ 2007 - 11/28/content - 818035htm。

⑤ 哈经雄，滕星：《民族教育学通论》，北京：教育科学出版社，2001 年版，第 231 页。

⑥ 胡书津："试论我国民族教育与民族语言的关系"，载《西南民族学院学报》（哲学社会科学版）1996 年第 3 期。

然而，随着全球化的迅速发展以及少数民族地区汉语教育政策的不断发展，很多少数民族学生开始侧重于选择汉语教学的学校就读，为将来的前途和发展做充分的准备，但这却无意或有意地忽视了本民族语言的学习，甚至很多年轻一代已经完全不学习本民族语言了。在1988年的西藏调查时，家长和学校也都反映不少藏族家长希望孩子在汉语授课班就学，而对政府要求藏族学生在藏语授课班就学表示不满。[①] 民族教育统计中，全国少数民族中50%以上的人口兼通民汉语的民族有50多个，这种兼通程度愈是杂散居地区比例愈高，几乎占人口的90%以上。特别是青少年，有98%认同用汉语。[②] 同时，中国少数民族外语教育是中国多民族国家教育体系和外语教育体系中的一个特殊的组成部分，尤其是中国少数民族高校的外语教育对于培养少数民族人才具有至关重要的作用。随着经济的全球一体化、改革开放及西部大开发的深入进行，国民的外语素质和外语水平迫切需要提高。但是，佤族学生在幼儿时期习得的语言为佤语（本族语），佤语之外的第二语言一般为汉语，而英语等外语的学习为第三语言的学习，因此在习得外语的过程中既会受到母语的冲突干扰，又会受到汉语的影响。母语和汉语的负迁移作用在英语学习上是非常明显的，尤其是本族语佤语的干扰。外语成为第三语言的学习，习得语言难度必然增加。[③]因此，佤族中学生在英语学习中的学习动机和学习态度、自主学习策略和学习策略状况将直接或间接地影响到其英语学习成绩的高低，并且与民族认同和国家认同密切相关，因为对本民族语言或文化认同越强烈，就越可能抵触外语的学习。

在这种情况下，诸多少数民族语言将面临着消失的威胁，并且民族认同也将逐渐丧失，少数民族学生完全丧失了对本民族文化的认同，又将如何生存与发展？而另一个与之相关联的问题是，少数民族学生在学习汉语和英语过程中是否就提高了对国家、对中华民族的认同呢？正是基于这样一个现实的问题，本书对少数民族学生语言学习及其民族认同进行了深入的研究，以期从语言学、民族学和社会学的角度解释语言学习与民族认同之间的关系，有效地促进少数民族学生对国家、对中华民族的认同感和归属感。

二、研究问题的界定

本书以语言学习理论和民族认同理论为指导，采用文献分析法以及问卷调查法，对云南佤族中学生语言学习与民族认同进行研究，分析佤族中学生语言学习态度/动机、自主学习策略、学习策略和民族认同，并在数据分析的基础上提出研究结论。本研究拟确定的研究问题包括以下几个方面：

第一，运用定量法分析问卷，对佤族中学生的态度/动机、自主学习、学习策略及民族认同进行归类总结，并利用SPSS的各种统计方法探究佤族中学生语言学习与民族认同和国家认同之间的内在关系，探索佤族中学生的双重民族认同身份是否影响到其英语的学习。

---

① 马戎：《民族与社会发展》，北京：民族出版社，2001年版，第247页。

② 谢启晃，孙若穷：《中国民族教育发展战略抉择》，中央民族学院出版社，1997年版，第344页。

③ 刘雪莲：“民族院校藏族大学生英语学习问题研究与理论探讨”，中央民族大学博士学位论文，2006年。

第二，通过学习动机问卷、自主学习问卷及学习策略问卷的调查，探索佤族中学生的英语学习动机类型、自主学习类型和学习策略类型，探究不同自变量（性别、年级、学校所在地和英语成绩）在各因变量上的差异性。

第三，通过民族认同和国家认同问卷的调查，探索佤族中学生的民族归属感、文化认同和社会认同，分析佤族中学生民族认同的总体状态及其影响因素。

三、研究思路

本研究将语言学习与民族认同联系起来，将人类学、社会学的研究方法运用到教育学的研究领域，采用抽样调查法，选取云南西盟县和沧源县佤族中学生对本民族语言、主流语言及对本民族文化和主流文化的认同为个案，结合问卷法、文献法，分析佤族语言教学（本民族语言、汉语和英语）对民族文化认同的影响，为全球化背景下少数民族地区在语言传承、外来文化适应及民族认同等方面的发展与改革提供新的思路。

本研究遵循"文献分析——设定问题和假设——制定研究问卷和研究计划——分析调研结果——确认假设"的研究思路，编制《佤族学生语言学习与民族认同调查问卷》对佤族中学生年龄、性别、民族、居住地等特点进行研究，利用 SPSS 分析软件，对其语言学习动机、自主学习、学习策略、本民族认同及国家认同等问题进行分析，目的在于探索语言学习与民族认同之间的关系，为民族认同倾向的研究提供理论和实证依据，以期获得本研究事先设定的研究假设。

第二章 佤族相关研究文献回顾

国内关于佤族、语言学习、民族认同的研究已硕果累累，尤其是从各个视角对民族认同所进行的研究更是为本研究提供了丰富的、具有参考价值的资料。但是，国内关于少数民族学生语言学习与民族认同的研究却相对薄弱，尤其是在此方面的实证研究更是需要进一步给予关注。

第一节 关于佤族的研究

关于佤族的研究，就著作而言就有十余部，对佤族的文化、佤族的风俗习惯、佤族的历史、佤族的社会经济发展等各个方面进行了深入的研究。诸如《佤族简史》一书，从历史学的视角对佤族人口分布和地理环境、佤族来源和居住区域的历代建置、新中国成立前佤族社会的历史发展、新中国成立前西盟佤族的社会形态、阿佤山边缘地区和镇康、永德地区的佤族、佤族社会习俗及其变迁等问题进行了研究；① 郭锐的《佤族木鼓的文化链接》一书，对佤族和佤族木鼓、木鼓与社会生活、神灵世界中的木鼓、木鼓的文化内涵、木鼓的民族品质象征等问题进行研究；② 左永平等编著的《佤族文化研究丛书》则是另一部颇具代表性的历史著作，从历史学的视角对佤族的丧葬、普洱地区少数民族的丧葬文化、普洱地区少数民族丧葬文化的社会功能、普洱地区世居少数民族丧葬文化的个性特质等问题进行了研究，涉及了佤族文化特质综论、万物有灵、魔巴制度、华夏倾向、文化引力、司岗里文化、佤族服饰与审美、佤族音乐与审美、佤族舞蹈与审美、佤族木雕与审美、佤族绘画与审美等核心内容；③ 田继周和罗之基的《民族知识丛书：佤族》一书，对佤族的族称和族源、生产和交换、经济制度、社会组织等问题进行了研究，为人们了解佤族经济社会形态文化特点和风俗习惯以及目前的发展状况等提供了翔实的历史材料；④ 段世林的《佤族历史文化探秘》一书则对佤族与佤族地区的历史与文化、考古、文学、民俗、史诗与人物等各个方面的历史进行了探讨，为世人展现了佤族与佤族地区历史与文化的灿烂画卷。⑤ 其他一些代表性著作还包括《佤族社会历史调查》、《中国佤族文化》、《佤山行——云南西盟佤族社会调查纪实（1956—1957）》、《佤族风俗志》、《佤族村寨与佤族传统文化》以及《西盟佤族自治县概况》、《沧源佤族自治县概况》等等。

---

① 《佤族简史》编写组：《佤族简史》，北京：民族出版社，2008 年版。
② 郭锐：《佤族木鼓的文化链接》，昆明：云南大学出版社，2009 年版。
③ 左永平等：《佤族文化研究丛书》，昆明：云南大学出版社，2008 年版。
④ 田继周，罗之基：《民族知识丛书：佤族》，北京：民族出版社，1996 年版。
⑤ 段世林：《佤族历史文化探秘》，昆明：云南大学出版社，2007 年版。

此外，关于佤族研究的学术论文也为本研究提供了诸多有价值的翔实资料，从历史文化、宗教、风俗习惯以及佤族当代社会等各个方面进行的探索，主要涉及了以下几个方面的研究。

一、佤族的历史文化和风俗习惯研究

国内学者对佤族的历史文化和传统风俗习惯进行了持续的研究，形成了一系列颇有价值的研究成果。比如袁娥的《佤族文化中的国家认同实证考量》一文，探讨了佤族文化中的国家认同意识，进而从民族文化的根源上寻求两种认同的良性整合，认为佤族文化中的国家认同意识有利于维持和巩固一个国家认同优先于本民族认同的认同结构，增强边疆地区的民族团结与社会稳定；① 吴晓琳的《翁丁佤族仪式馈赠研究》一文，从我国佤族传统民族习俗和原始信仰入手，以佤族传统祭祀礼仪中的"木鼓舞"及神器"木鼓"为例，比较和论述了新中国成立前后，佤族的传统祭祀性"木鼓舞"与"木鼓"在传统形态、文化内涵、舞蹈形式等方面所发生的巨大变化；② 赵秀兰、安晓红的《论傣语借词在佤族文学中的审美意义——以沧源县班列村〈结婚祝酒辞〉为例》一文，对沧源县班列村的《结婚祝酒辞》进行了研究，认为《结婚祝酒辞》体现了作者精巧的构思，并使作品达到了雅俗共赏的审美效果，在很大程度上增强了作品的欣赏价值；③ 郭锐的《佤族木鼓文化研究综述》一文，对佤族木鼓文化进行了综述，认为木鼓是佤族传统社会原始宗教中用于祭祀的一种神器，由于它的特殊作用，在佤族文化中占有十分重要的位置，并被赋予越来越多的民族文化内容和象征含义；④ 杜巍的《古典神话与佤族活形神话》一文，对佤族神话进行了探讨，认为部分佤族人民不仅仍以神话的方式思维着，而且还在创造着神话，他们的神话是活形神话，并对两种不同时间段的神话——古典神话与现代佤族活形神话进行比较，从而展示神话发展的真实历程和佤族活形神话的学术价值。⑤

二、佤族当代社会变迁研究

在现代化进程中，佤族社会也发生了剧变，在经济、社会、文化以及价值观方面经历了前所未有的变迁，这些社会变迁自然也引起了众多学者的关注。比如马建雄的《性别比、婚姻挤压与妇女迁移——以拉祜族和佤族之例看少数民族妇女的婚姻迁移问题》一文，运用人口社会学的统计分析方法，讨论了我国汉族人口的出生性别比与少数民族妇女从边疆迁移到内地省区之间的关系，认为某些汉族农村出生性别比升高后，逐渐突出的婚姻挤压问题引发了少数民族妇女的婚姻迁移，从而使得部分小规模的少数民族社会面临更

① 袁娥："佤族文化中的国家认同实证考量"，载《云南民族大学学报》（哲学社会科学版）2011年第2期。
② 吴晓琳："翁丁佤族仪式馈赠研究"，载《思想战线》2009年第2期。
③ 赵秀兰，安晓红："论傣语借词在佤族文学中的审美意义——以沧源县班列村〈结婚祝酒辞〉为例"，载《民族文学研究》2009年第3期。
④ 郭锐："佤族木鼓文化研究综述"，载《黑龙江民族丛刊》2006年第2期。
⑤ 杜巍："古典神话与佤族活形神话"，载《云南民族大学学报》（哲学社会科学版）2011年第2期。

大的婚姻挤压和其他社会问题;① 白志红、李文钢的《佤族男性婚姻挤压及夫妻年龄差研究》一文,通过对田野调查资料的分析,证实男性婚姻挤压的加剧是导致佤族夫妻年龄差扩大的根本原因,佤族社会的婚姻挤压并非来自生育文化中的男性偏好与人口年龄结构的老化,而是来自大量女性的婚姻迁移;② 樊华、章涤凡的《在"水"中保护 在'用'中发展——以翁丁佤族原生态民族文化的保护与开发为例》一文对翁丁佤族原生态民族文化村进行了研究,认为在发展旅游业的过程中应该保护与开发并重,既注重在少数民族社区生活之"水"中对文化进行活态传承,又不囿于民族文化主体自身之"用",针对现代社会日趋多元的价值诉求,借助多元力量促进少数民族文化的发展;③ 何明、袁娥的《佤族流动人口的文化适应研究——以云南省西盟县大马散村为例》一文,以云南省西盟县勐卡镇大马散村为例,从物质层面、制度层面以及精神层面对城市中佤族流动人口的文化适应进行了分析,认为城市中的大马散佤族人在感受本民族文化和地域文化面临着城市文明和汉文化强烈冲击的过程中,并没有出于自我保护而内卷在一定的空间聚落和心理状态之内,而是积极寻求同主流文化的互动,不断积累着自身的现代性,其文化适应策略属于整合型;④ 杨国才、张桔的《社会性别视野下的佤族妇女宗教信仰》一文,从社会性别视角分析了佤族妇女的宗教信仰,发现佤族男子在宗教活动中占主导地位,是宗教仪式的主持者,而佤族妇女则更多是追随者,并且在宗教信仰活动和仪式中发挥着辅助性的作用。⑤

第二节 关于语言学习态度/动机、自主学习及学习策略的研究

结合国外的研究成果,国内学者从更为具体的视角对语言学习态度、动机、自主学习、学习策略等问题进行了实证研究,取得了一系列研究成果。

一、语言学习态度的相关研究

强调使学生"形成积极主动的学习态度"是《基础教育课程改革纲要(试行)》提出的课程改革的具体目标之一。该《纲要》指出:改革课堂教学必须要进行价值本位的转移,即由以知识本位转向以发展为本位,教学目标要真正体现知识、能力、态度的有机整合,从而符合素质教育的要求。

态度问题是心理学的基本内容,许多心理学家从不同的侧面探讨了这个问题。阿尔波

---

① 马建雄:"性别比、婚姻挤压与妇女迁移——以拉祜族和佤族之例看少数民族妇女的婚姻迁移问题",载《广西民族学院学报》(哲学社会科学版)2004 年第 4 期。

② 白志红,李文钢:"佤族男性婚姻挤压及夫妻年龄差研究",载《西南民族大学学报》(人文社会科学版)2011 年第 8 期。

③ 樊华,章涤凡:"在'水'中保护 在'用'中发展——以翁丁佤族原生态民族文化的保护与开发为例",载《云南社会科学》2011 年第 3 期。

④ 何明,袁娥:"佤族流动人口的文化适应研究——以云南省西盟县大马散村为例",载《西南民族大学学报》(人文社会科学版)2009 年第 12 期。

⑤ 杨国才,张桔:"社会性别视野下的佤族妇女宗教信仰",载《中央民族大学学报》(哲学社会科学版)2007 年第 1 期。

特·班杜拉（Albert Bandura）指出："态度是根据经验系统化了的一种心理和神经的准备状态，它对个人的反应具有指导性和活力性的影响。"① 这一定义着重于态度的内在结构，强调态度是个人行为的倾向。洛开奇（M. Rokeach）指出："态度是一种具有结构和组织的复杂的认知体系。"但是，将心理态度与英语学习结合起来进行研究的先驱则是心理学家麦独孤，威廉（McDdougall，William）和史密斯（W. Smith），早在 1919 年他们就在一项实验中发现，积极的学习态度对学习速度有促进作用。1952 年卡利·伦佐（Carli Renxo）在总结一项实验研究时指出，男女大学生对解决问题不同的态度，直接影响解决问题的效果。②

之后，大量有关语言学习态度的研究集中于学习态度对学习成绩的影响方面，Wenden（1978）、Brown（1983）、Baker（1988）及 Ellis（1994）等学者对学习态度进行了比较系统的研究。Wenden 通过自己的研究发现，不同的语言学习观对学生的学习行为产生了深远的影响。比如，学生认为学习英语是很重要的，那么他就会花很多的时间去学习英语。③ C. Brown（1983）的研究表明，学习者对学习环境的态度影响其学习成功的程度。Boyle（1987）研究了香港 490 名中国大学生的二语习得能力，结果显示，英语水平测试成绩与性别成正相关，女生成绩高于男生。但是也有相关研究发现，性别与二语习得能力无正相关，如 Bacon 研究发现，在完成听力任务时无性别的影响。④ Rod Ellis 认为，女性在话语标准的各个方面都超过男性，她们更容易接受新的语言形式，女性对新的形式更敏感。⑤

我国有关语言学习态度的实证研究，也大多借鉴了国外学者研究的路子，探索态度对学习成绩的促进作用，以及态度与其他影响成绩的学习因素之间的关系。但直到 20 世纪末和 21 世纪初，钱旭菁（1999）、江新（2000）、张莉、王飙（2002）、何干俊（2002）、曹贤文、吴淮南（2002）、冯小钉（2003）和倪传斌等（2004）才从对外汉语学习态度和动机的不同侧面开展研究。⑥ 而对中国少数民族学生语言学习的态度研究则起步更晚，一些学者对少数民族大中学生的英语学习态度进行了探讨，如张燚、任晔等（2004），原

---

① 陶德清：《学习态度的理论与研究》，广州：广东人民出版社 2001 年版，第 145 页。

② 时蓉华：《社会心理学》，上海：上海人民出版社 1986 年版，第 141 页。

③ 周智忠："高中生英语学习观念的调查和研究"，载《中小学英语教学研究》，2005 年第 8 期。

④ 于学勇："性别与二语习得能力关联研究"，载《外语与外语教学》2005 年第 8 期。

⑤ Ellis, Rod.（1994）. *The Study of Second Language Acquisition*. Oxford：OUP. Shaihai：Shanghai Foreign Language Education Press, 1999.

⑥ 具体参见：钱旭菁：《外国留学生学习汉语时的焦虑》[M]，北京：华语教育出版社 1999 年版；江新："汉语作为第二语言学习策略初探"，载《语言教学与研究》2000 年第 1 期；张莉，王飙："留学生汉语焦虑感与成绩相关分析及教学对策"，载《语言教学与研究》2002 年第 1 期；何干俊："论影响留学生掌握汉语的几个因素"，载《江西社会科学》2002 年第 9 期；曹贤文，吴淮南："留学生的几个个体差异变量与学习成就的相关分析"，载《暨南大学华文学院学报》2002 年第 3 期；冯小钉："短期留学生学习动机的调查分析"，载《云南师范大学学报》（对外汉语教学与研究版）2003 年第 2 期；倪传斌，志刚，王际平，姜孟："外国留学生的汉语语言态度调查"，载《语言教学与研究》2004 年第 4 期。

一川（2008），姜梅、黄雁鸿等（2011）等。[1]

然而，中国少数民族英语学习是一种三语学习现象（trilingualism），即先掌握母语，后通汉语，再学英语，有关少数民族学生英语学习态度及外语水平之间关系的研究还缺少系统的、大范围的实证材料支持。这就需要在借鉴西方第二语言习得和外语学习态度理论的基础上，运用语言学、社会心理学和社会教育学及多元文化理论，采用定量研究和定性研究方法，确定少数民族学生语言学习态度的倾向及其与外语学习成绩之间的关系，纠正少数民族学生外语学习的态度，最终达到促进民族地区的外语教学改革、提高少数民族学生外语水平的目标。[2]

（一）学习态度的定义、结构及分类

态度问题是心理学的基本内容，许多心理学家都从不同的侧面探讨了这个问题。结合阿尔波特和洛开奇的定义，可以认为态度是个体对人、事、物和问题以一定方式进行反应时所持有的稳定的评价性的心理倾向。人在社会生活中，不仅对周围环境中的各种事物产生认识活动，而且在认知的基础上形成态度。态度一旦形成，就会对心理和行为产生重要的影响。它影响着我们对周围事物的主观感受，支配着我们的举止行为，推动着我们去做什么以及采取什么方式去做。所以说态度总是指向一定对象的，其对象多种多样，内容相当复杂。这些内容包括对己、对人、对事、对物的态度；对祖国、对社会、对人民、对集体的态度；对学习、劳动、生活及工作的态度；对某一学科或某一观念的态度等等，这些内容组合在一起构成一个人的态度体系，具有相对的稳定性和独立性。态度是一个具有复杂的、稳定的内在结构的心理活动体系。社会心理学关于态度的 ABC 三维结构理论认为，态度包括了情感体验（Affection，A）、行为倾向（Behavior，B）和认知水平（Cognition，C）三种构造成分。情感体验是个体对人或物的评价、爱好和情绪反应；行为倾向是当态度的对象出现在面前时个体做出的反应的可能性；认知水平即个人对态度对象的认识、理解和评价。[3]

态度作为一种心理准备状态，它广泛地与个人所持有的观念、价值观和多种需要发生联系，进而对实际生活起到调节、定向等重要作用。所以，一个人的态度体系的形成和完善，实际上就是个体心理发展过程中社会化与个性化的结晶。由于在校学生的主导活动是学习，因此，学习态度就成为学生态度体系中的核心内容，并构成学生的基本人格特征。[4] 学习态度是学习者对学习对象的一种心理倾向，因此，学习态度包含以下三个方面的关系：

（1）从认知的角度来看，学习态度即学习者对学习对象的价值判断，即为什么学。

---

① 具体参见：张燚，任晔，安胜昔，姜轶群："新疆少数民族大学生英语学习态度动机调查"，载《北京教育学院学报》2004 年第 1 期；姜梅，黄雁鸿，陈利平，明珠："云南高校农村生源学生英语学习态度和动机的实证研究"，载《农业教育研究》2011 年第 4 期。

② 原一川，尚云等："东南亚留学生汉语学习态度和动机实证研究"，载《云南师范大学学报》2008 年第 3 期。

③ ［美］J. L. 弗里德曼等著，高地，高佳等译：《社会心理学》，哈尔滨：黑龙江人民出版社 1986 年版，第 321 页。

④ ［苏］列维托夫：《儿童教育心理学》，北京编译社译，北京：人民教育出版社 1960 年版，第 224 页。

它经常是构成学习态度的前提，但不能够简单地理解为决定学习态度的一切，因为学习态度在很大程度上还取决于情感。

（2）从情感的角度来看，学习态度是学习者对学习对象的情绪反映。情感在学习态度中占有比认知更为重要的地位，因为，当一个人在自己的心灵中播下了对某门学科爱或不爱的"情种"之后，不论客观上再如何加强对认知因素的影响，往往仍然坚持原有的爱或不爱的心理倾向。

（3）从行为的角度来看，学习态度是学习者对学习对象的外显行为。它一方面受认知和情感因素的影响，另一方面又将认知和情感这些内在的心理倾向用行为呈现出来，但是，学习态度与学习活动中的外显行为并不是在任何情况下都完全一致的，因为认知和情感这些内在心理状态变为外显行为时，常常受客观条件的制约，如权威势力的干预，客观环境条件的变化以及其他相关因素等等。

根据学习态度认知、情感、行为这三个方面的发展水平，学习态度可分为自觉型、兴趣型、说服型和强迫型等四种。从学习策略上又分为偏重于理解型和偏重于记忆型；从性格特征上还可以分为冲动型和踏实型。如果把学习态度的三个心理因素作为标准，将学习态度的分类统一在同一标准下，那么学习态度则可以分为四种标准类型：最佳型、缺陷型、严重缺陷型和较差型。它们分别从认知因素、情感因素和行为因素方面有不同水平的表现。①

（二）学习态度的影响因素

态度是一个人行为的基础，所以个人的观念，人与人之间的关系，团体与团体之间的关系，乃至民族与国家之间的关系等等，都将对态度的形成发生作用。因此，在态度形成的过程中，要受到多种因素的影响，如观念、动机、兴趣、环境、性别等。② 学习态度对学习效果的影响作用已被实验研究所证明。

1. 学习观念

观念是学生在学习过程中通过自身的体验或别人的影响所形成的一种看法体系。如英语学习观念是指学生所持有的有关语言学习、语言学习方法、语言技能和交际能力各个方面的知识，换言之，就是人们对如何学好英语的各种各样的认识。③ 从心理学的角度讲，学习观念实际上属于元认知知识的一部分。Wenden 通过研究总结出观念的四大特点：一是稳定性，观念一旦形成就成了知识体系的一部分；二是可描述性，学生能够对他们的观念进行描述；三是易错性，学生的学习观念有可能是不恰当的，因为他们观念的形成往往没有科学的依据；四是可变性，即通过学生自身的努力或外界的影响，已形成的观念是可以改变的。④

---

① 王洪艳："高中化学教学中学生自主学习态度培养的实践研究"，东北师范大学硕士论文，2004年，第7页。

② 张万喜："高职学生英语学习态度研究"，华中师范大学硕士论文，2007年，第8页。

③ 申俊丽："高中生英语学习态度对其英语学习的影响——对重点与非重点班学生的比较研究"，内蒙古师范大学硕士论文，2006年，第6页。

④ 周智忠："高中生英语学习观念的调查和研究"，载《中小学英语教学研究》2005年第8期。

2. 学习兴趣

学习兴趣也叫认识兴趣，它是学生对学习活动或学习对象的一种力求认识或积极趋近的倾向。① 影响学生学科学习兴趣的因素很多，但比较明显的是两种因素，首先学科兴趣和教学质量有关；其次学科兴趣还主要受家庭、环境的影响。Henning（1983）指出，学习者的成功在很大程度上取决于学习者的学习兴趣。学生的学习兴趣越高，越有助于形成积极的学习态度。

3. 学习环境

C. Brown（1983）的研究表明，学习者对学习环境的态度影响其学习成功的程度。学习环境主要涉及学校所提供的一周的英语课时数量、所配备的师资、学习气氛、教师对学生学习的鼓励与导向等。就英语学习而言，在非英语国家，大部分学生的学习起点相差不大，仅有学习环境的好坏之分，而这种学习环境的差异却可能直接导致学生对学校的态度与动机及学习的最终结果。

4. 学习者性别

Rod Ellis 认为，女性在话语标准的各个方面都超过男性，她们更容易接受新的语言形式，女性对新的形式更敏感。社会语言学的研究表明，女性二语习得能力总体高于男性；女性更容易接受二语输入中新的语言形式，更容易摆脱目标语的中间语形式。二语习得能力并非等于二语习得成就。二语习得能力只是影响二语习得成就的因素之一，二语习得成就还受家庭、学校、社会环境、方言、启蒙教师以及非智力因素等相关变量的影响。教师要根据男女两性语言上的差异设计课堂教学，而不能形成对任何一方的偏见，给学生以消极暗示。②

以上所列因素并不是一成不变的，它们会因文化而不同，因年龄而有别。学生的个性差异、家庭背景、学习环境、课堂的教学艺术等等都会影响学生的学习动机，最终会使学生形成不同的学习态度。教师要提高教学质量，就必须关注对学生的英语学习态度产生影响的重要因素。

二、语言学习动机的相关研究

语言学习是一个复杂的过程，它受各种变量的影响。一段时间以来，第二语言学习的研究主要关注语言本身和教学过程，而忽略了内部变量，比如学习者的动机和态度。随着学习理论和第二语言学习理论的发展，研究者们发现，即使在同样的学习环境下，学习者也会有完全不同的学习成绩。众多研究表明，在第二语言或外语学习过程中，动机是一个决定性的因素，尤其是课堂内的语言学习。Dornyei（1998）认为"动机是激发学生学习英语和维持学生长时间学习过程的驱动力"。根据加德纳的观点，动机是一个复杂的、多面性的结构组织。它包含很多因素，如：学生在完成一个任务中所能体现的价值，学生期望成功的程度，他们是否相信自己有成功所需的一切因素，以及对任务成功和失败的正确归因。③

---

① 陈中永：《现代心理学》，呼和浩特：内蒙古大学出版社，1994 年版，第 413 页。
② 于学勇："性别与二语习得能力关联研究"，载《外语与外语教学》2005 年第 8 期。
③ 何娥："农村初中学生英语学习动机探究"，西安外国语大学硕士论文，2011 年。

我国学者也对外语学习动机进行了诸多实证研究，① 探索动机对学习成绩的影响，但主要是以大学生或汉族为研究对象，较少研究中小学生或少数民族学生群体。近年来，一些学者开始以少数民族学生为研究对象，出现了一些外语学习动机最新的研究成果，如，原一川（2007，2008），李昆、俞理明（2008），饶耀平、王晓青（2009）等。②

（一）学习动机的定义及分类

什么是动机？心理学对动机的研究始于 20 世纪 20 年代，此前的心理学先驱们几乎都未注意动机问题。美国心理学家詹姆斯开始意识到了动机问题，但他将动机视为本能。③ 教育心理学之父桑代克也认为行为的源泉是本能。④ 动机顾名思义就是活动机制，或是奋力激发个体从事各种活动的内部机制。这是国内外心理学者的共识，已成为给动机下定义或作界定的基础。

Keller（1983）指出："动机是人们对期望达到的目标所做的选择或对其的努力程度"（Crookes and Schmidt，1991：481）。这意味着动机包括作出选择和努力程度两个方面。加德纳（Gardner，1985）认为："外语学习动机应包括四个方面：目的（a goal）、达到学习目的的愿望（a desire to attain the goal）、学习的努力程度（effortful behaviour）和学习态度（attitude）。"这四个因素是相互关联和统一的，在第二语言学习的过程中，学习者必须具备所有的因素，缺一不可。

Williams & Burden（1997）试图通过把动机的概念定义为"导致采取行动的有意识的决定的一个认知和情绪激发的状态或为了达到一个既定的目标而产生的一段时间持续的体力和脑力劳动"。这个定义与社会建构主义的框架相吻合并产生了许多观点。首先，人们在某种程度上受到激发，最初的激发有可能来源于兴趣或好奇心之类的内部因素，也有可能是外部因素，比如激发其热情的人或事。人们会以某种特定方式达到某一特定的目标而去作一个有意识的决定。一旦行动开始，个人就需要发挥他的努力。William 和 Burden 的定义体现了动机的三个阶段，该模式的前两个阶段关注的是激发性动机，而最后一阶段关注的是持续性动机。匈牙利学者 Drnyei（1998）更多强调的是动机的动态本性，他把动机定义为："一定数量的刺激力量的产生过程、无外界力量来削弱的持续的过程以及计划目标达成的终止行为。"这个定义把动机看做是一个过程并且指出动机不是静态的，在实现

---

① 参见高一虹，赵媛，程英，周燕："中国大学本科生英语学习动机类型"，载《现代外语》2003年第1期；文秋芳：《英语学习策略论》，上海：上海外语教育出版社，1995年版；吴一安，刘润清，Jeffrey 等："中国英语本科学生素质调查报告"，载《外语教学与研究》1993年第1期；李昆，俞理明："大学生英语学习动机、自我效能感和归因与自主学习行为的关系研究"，载《外语教学理论与实践》2008年第2期；饶耀平，王晓青："外语学习动机与英语专业学生英语成绩的关系初探"，载《中国外语教学》2009年第2期；刘润清，吴一安等："高校英语本科教育抽样调查报告"，载《外语教学与研究》1989年第1期；程晓堂，郑敏：《英语学习策略》，北京：外语教学与研究出版社，2002年版；文秋芳，王立非：《英语学习策略实证研究》，西安：陕西师范大学出版社，2004年版；杨红艳："中国少数民族学生英语语言习得策略"，载《云南民族大学学报》（哲学社会科学版）2005年第4期。

② 燕国材：《非智力因素》，上海：上海教育出版社，2006年版，第30页。

③ ［美］詹姆斯著，田平译：《心理学原理》，北京：中国城市出版社，2002版，前言第2页。

④ 转引自陈琦，刘儒德主编：《教育心理学》，北京：高等教育出版社，2005年版，第35页。

最终结果的过程中是可以削弱或终止的。然而，该定义没有明确地指出动机的关键因素。①

综合以上种种动机定义，可给动机定义为：动机是由内驱力或诱因激发个体指向某种活动目的而采取相应行为获得一定效果的内部机制或内部力量。要把握这一定义，必须对涉及的几个概念，即内驱力、诱因、目的、行为、效果等作一些分析，现依次简述如下：

1. 内驱力

所谓内驱力，就是驱使个体活动的内部力量。它可以区分为三种：①生理内驱力，如饥渴、休息、睡眠等；②心理内驱力，如愿望、理想、兴趣等；③社会性内驱力，如认可、归宿、爱情等。这三种内驱力虽然相对独立，但密切联系。这是因为它们都是在需要的基础上产生的。

2. 诱因

人的动机不仅可以由内驱力激起，同时还可以由外部因素（条件）诱发。凡是引诱、诱发个体产生动机的一切外部因素（情境），统称为诱因。它也可以分为三种：①理智诱因，即诱发个体理智的因素，如提出目的与及时反馈；②情绪诱因，即诱发个体情绪的外部因素，如奖励与处罚；③社会性诱因，即诱发人际影响（作用）的外部因素，如竞争（个人竞赛）与合作（团体竞赛）。

3. 目的

目的指人们活动追求的结果。无论从事何种活动，都应当既要激起动机，又要确立目的。目的一般可以分为三种：①长期目的，也可叫远景目的，它指向长远的未来，要经过长时期的努力才能达到；②中期目的，也可叫中景目的，它指向较远的未来，只需作较长时期的努力就能完成；③近期目的，也可叫近景目的，它指向最近的未来，只需短时期的努力即可实现，甚至能"立竿见影"。

4. 行为

动机不只是要指向一定的目的，更要引向一定的行为，才能实现目的，取得效果。可见行为是动机与目的、效果之间的中介，没有这个中介，则目的不能实现，效果无法取得，因而再好的动机也将是一文不值。动机在行为（行动）过程中，起着推动、引导与维持的作用。

5. 效果

活动目的实现的程度不是直接的，它必须以行为为中介，即通过并凭借行为才能取得一定的效果。

上述以动机为核心的一组概念，都与学习活动有关，即在它们前面都可以加上"学习"一词而成为社会语言学的概念：学习需要、学习动机、学习内驱力、学习诱因、学习目的、学习行为、学习效果。②

学习和求知是人类的一种基本需要，而且还是一种高级的成长性需要。在一定的条件下，它有可能引起学习动机而产生学习行为。学习动机是引起和维持个体的学习行为以及

---

① 何娥："农村初中学生英语学习动机探究"，西安外国语大学硕士论文，2011年，第6页。

② 于跃："中职学生学习动机的现状调查与激发策略研究"，河北师范大学硕士论文，2010年，第4～5页。

满足学习需要的心理倾向，它是推动学生学习的内部动力。① 学习动机与学习目标是两个既有联系又有区别的概念。学习目标是学生学习活动所要达到的结果，而学习动机则是驱使学生去追求学习结果的原因。从这一意义上看，学习动机与学习目标之间存在因果联系。可是，如果将学习目标看做是先于学习活动而存在于学生头脑中的期待，那么它本身就成为满足学习需要的对象，即作为诱因而调节学生的学习活动，使学习活动指向一定的方向。于是，学习目标又属于学习动机的范畴了，两者很难截然分开。

心理学家的研究表明，学习动机是由期待因素、价值因素和情感因素等三种心理成分构成的。第一种构成成分是学习动机的期待因素。学习期待是学生基于过去经验和当前刺激而对未来学习事件的预料或预想，它是导致个体希望某种学习出现的一种内部状态，要回答的是"我能完成这个学习任务吗"的问题。第二种构成成分是学习动机的价值因素。它是指学生对要达到的学习目标和要完成的学习任务的重要性的判断，要回答的是"我为什么要完成这个学习任务"的问题。第三种构成成分是学习动机的情感因素。它是学生对学习过程及其结果的情绪情感反应，要回答的是"我对这项学习任务的体验如何"的问题。②

认知心理学家 Deci 和 Ryan（1985）根据动力来源把学习者的语言学习动机分为内部动机和外部动机。从人们选择以某种特定方式去行动的原因来看，这些原因可分为多种不同的类型。如有时我们从事某种活动是因为它本身就很有趣，而有时候我们从事活动并不是因为对活动本身感兴趣，而是因为它会帮助我们获得其他一些我们想要的东西。根据 Deci & Ryan（1985）的自我决定理论，动机通常有两种类型："一种是基于活动本身的内在兴趣，即内在动机；另一种是基于活动的外在奖励，即外在动机。"一般来说外在学习动机是短暂、易消失的，而内在动机可以维持学习活动的持续进行。③

（二）学习动机的影响因素

学习动机受多种因素的影响，涉及学习者主观认知与学习环境的外在影响等，学习者的认知定势、学习活动与学习任务的特点、学习目标结构和课堂环境等因素对学生的学习动机具有直接作用。④

1. 学习者的认知定势

德维克等研究者认为，个体如何看待能力是其学习动机的决定因素之一。一般而言，较典型的能力观有两种：一种认为，个体的能力或聪明程度是随着不断的学习而发展的、变化的，认为通过刻苦的学习与努力可以改善能力；另一种认为，个体的能力或智力是一种稳定不变的特质。前者即能力或智力的增长观，后者即实体观。大量研究表明，易受挫的学生更倾向于将成功归因于努力或运气，而不是能力。

研究表明，个体在分析和解决目前的问题时或遇到困难时，具有的思维方式经常影响着能否产生高而稳定的学习期望，因为期望的产生与个体对问题及条件等的分析、归因有

---

① 皮连生：《学与教的心理学》，上海：华东师范大学出版社，2009 年版，第 276～277 页。
② 于跃："中职学生学习动机的现状调查与激发策略研究"，河北师范大学硕士论文，2010 年，第 6 页。
③ 何娥："农村初中学生英语学习动机探究"，西安外国语大学硕士论文，2011 年，第 7 页。
④ 姚梅林：《学习规律》，北京：北京教育科学出版社 1997 年版，第 59～65 页。

一定关系。

2. 学习活动与学习任务的特点

研究表明，过难或过易的学习任务都无助于学习动机的产生。对个体而言，中等难度的任务是一个良好的问题情境，它具有一定的挑战性，学生通过努力可完成任务，并证明自己的能力，进而提高自我效能感。如果任务难度是逐渐提高的，而学生又能逐步加以解决，这对于增强学生的自我效能感尤为重要。同时，个体对有兴趣的内容会给予更多的关注。而许多成绩较差的学生往往觉得学习的内容是非常枯燥的。因此，以改进学习内容和学习材料的编排形式来提高学生学习兴趣，应是教材改革重点关注的问题。相同的内容以不同的方式呈现，会使学生产生不同的学习动机。皮亚杰等认为认知冲突在认知发展中起非常重要的作用，认知冲突可有效地促使个体从事智力活动。在职业教育中，利用认知冲突来激发学生的学习兴趣具有明显的效果。

3. 学习目标结构

学生的学习动机与课程教材所设定的目标结构有一定关系。美国心理学家耐特和瑞莫斯通过实验发现，如果学生认清学习目标，那么就会产生强烈的学习动机。若学生搞不清楚他们要做什么，即学习目标是盲目的，则学习动机和兴趣都将处于较低水平。①

三、语言自主学习的相关研究

早在 1972 年，联合国教科文组织的国际教育发展委员会在教育报告《学会生存——教育世界的今天和明天》中提出："未来的学校必须把教育的对象变成自己教育自己的主体。受教育的人必须成为教育他自己的人，别人的教育必须成为这个人自己的教育。"如今，知识经济时代的到来已使人类迈入"学习化"社会，"学会学习"、"终身学习"成为人们面临的发展任务。

（一）自主学习的含义及特征

教育心理学对自主学习的研究，可以从斯金纳提出操作主义学习论算起，至今已有六十多年的历史；我国关于自主学习的系统研究，起始于 20 世纪 70 年代末、80 年代初。目前，国内外研究者对自主学习（self-regulated learning）的看法主要有以下几种：

美国自主学习研究的著名专家、纽约城市大学的齐莫曼（Zierman，1989，1990）教授认为，自主学习主要有三个特征：在元认知、动机和行为等方面的自我调节策略的运用，它是一种自我定向的反馈循环过程，自主学习者能够监控自己的学习方法或策略的效果，并根据这些反馈反复调整自己的学习活动，自主学习者知道何时、如何使用某种特定的学习策略，或者作出合适的反应。为此，他还提出了一个自主学习的研究框架，详细具体地分析了自主学习的内涵。齐莫曼实际上为自主学习提供了一个描述性定义，如图2.1。② 也就是说，他通过分析学习的动机、方法、学习发生的时间、社会环境、物质环境以及学习者的行为表现几个方面的特征，综合界定自主学习的本质属性。学生的动机是内在的或自我驱动的，而不是外部强加的；学生能够选择适合的学习策略、方法；学习者

---

① 于跃："中职学生学习动机的现状调查与激发策略研究"，河北师范大学硕士论文，2010 年，第 6~7 页。

② 转引庞维国："自主学习理论的新进展"，载《华东师范大学学报》1999 年第 3 期。

能够根据时间、环境的变化而对学习作出相应的调节。①

图 2.1　自主学习的理解维度

科学的问题	心理维度	任务条件	自主的实质	自主的信念和子过程
1. 为什么	动机	选择参与	内在的或自我驱动	自定目标、自我效能感、价值观、归因等
2. 怎么样	方法	控制方法	有计划的或习惯化的	策略使用、放松等
3. 何时	时间	控制时限	定时而有效的	时间计划和管理
4. 学什么	行为表现	控制行为	意识到行为和结果	自我监控、自我判断、行动控制、意志等
5. 在哪里	环境	控制物质环境	对物质环境的敏感和随机应变	环境的选择和营造
6. 与谁一起	社会性	控制社会环境	对社会环境的敏感和随机应变	选择榜样、寻求帮助等

美国密执安大学的宾特里奇（Pinirich，2000）认为，自主学习是一种主动的、建构性的学习过程。在这个过程中，学生首先为自己确定学习目标，然后监视、调节、控制由目标和情境特征引导及约束的认知、动机与行为。自主学习活动在学生的个体、环境和总体的成就之间起中介作用。我国学者庞维国主张从横向和纵向两个角度来定义自主学习。横向即从学习的各个方面或维度来综合界定自主学习，具体为学生应当自己选择学习内容，自主调节学习策略，自我管理学习时间，主动利用学习的物质条件，并对学习结果作出自我判断和评价；纵向是指从学习的整个过程来阐释自主学习的实质，如学生在学习活动之前能自己确定学习目标、制订学习计划，在学习活动中能对学习方法作出自我监控和自我调节，在学习活动之后能对学习结果进行自我检查和评价，而不必依赖教师或他人的指导和调控。②

余文森认为，自主学习包括主动性、独立性、自控性三方面的含义。其中，主动性是"自主学习的基本品质，是基于学生对学习的一种内在需要"，独立性是"自主学习的灵魂"，自控性指学生对学习目的、方法等问题有自觉的意识和反应。③ 自主学习实质"是对学习本质的概括（其实质是独立学习），是指学生自己主宰自己的学习，与自主学习相对立的他主学习则是他人（教师）为学生作主的一种学习。自主学习与他主学习的根本分水岭是学生主体性在教学中的确立与否"④。

董奇等认为，自主学习是"学生为了保证学习的成功、提高学习的效率、达到学习

① 邱细荣："自主学习课堂教学的应然与实然——基于福州某小学的课堂观察分析"，福建师范大学硕士论文，2007 年，第 1～15 页。

② 刘宁宁："大学生自主学习策略及其影响因素研究"，华东师范大学硕士论文，2009 年，第 1 页。

③ 余文森："论自主、合作、探究学习"，载《教育研究》2004 年第 11 期。

④ 余文森等："让学生发挥自学潜能，让课堂焕发生命活力"，载《教育研究》1999 年第 3 期。

的目标，而在进行学习活动的全过程中，将自己正在进行的学习活动作为意识的对象，不断地对其进行积极自觉的计划、监察、检查、评价、反馈、控制和调节的过程"①。周国韬则认为，自主学习是"学习者运用认知调节策略和动机策略来促进自己的学习，选择适合于自己的学习方法，建构和创造有利于自己学习环境的过程"②。其他研究者也提出，自主学习是学习者个体基于自己身心的不断发展变化，借助同伴与教师的帮助，根据自己的实际情况与社会、学校的教育要求，主动对自己的学习提出目标和任务，进行有意识地计划、调节、监控与评价的学习活动过程。③　还有一些研究者认为，自主学习"不是一种心理能力，如智力，也不是一种学业技能，如熟练阅读，而是学习者将他们的心理能力转换成学业技能的自我指导。④

研究者对自主学习的概念界定不同，对自主学习特征的理解也不尽相同。国外学者对自主学习特征的解释主要体现在对自主学习者的特征描述。国外学者奥德曼、巴里斯与艾里斯对自主学习的基本特征进行了长期的研究，我国学者也分别提出了自己的观点。庞维国认为，自主学习具有能动性、独立性、有效性及相对性四个特征。余文森等认为，自主学习的特点主要有能动性、超前性、独立性、异步性等。

综合上述观点，结合前文对自主学习的本质分析，我们把自主学习的特征概括为以下几个方面：

第一，自主性。

自主性的特征主要针对学习者而言，指学习者在学习的整个过程和各个方面都是自主的。首先，自主性体现为学习者学习动机的积极主动性。具体地说，就是学习者的学习动机是内驱的、自我激励的，不是外在压力的结果，积极主动参与学习活动已成为学生的内在需求。其次，自主性还表现为学习者对学习活动的自我监控。自主学习不同于他主学习，它要求学生充分发挥元认知能力进行自我计划、自我监控、自我调节、自我指导等。学生在学习活动前能在教师指导下制订相应的学习目标和计划，在学习过程中要不断地去观察学习系统各要素的进展和变化情况，并据此及时调节学习活动的各个方面和环节，在学习活动后能够进行及时有效的自我评价。

第二，指导性。

就目前而言，学生的学习不可能完全自主或者绝对自主，而只能是相对自主的。由于年龄、个性特征、心理发展水平等因素的影响，在校学生的认知水平、学习能力发展水平还不足以解决所有的学习困难和问题。这不仅不利于学生自主学习能力的培养，反而会在某种程度上挫伤学生的自信心和学习的积极性。因此，自主学习需要教师的有效指导，但又不允许教师像传统教学那样"一刀切"、"满堂灌"，自主学习不是学生自学，它不能摆脱教师和其他机构的指导。但教师不能忽视学生的主体地位，而应"当学生遇到疑难时，

---

① 董奇，周勇："论学生学习的自我监控"，载《北京师范大学学报》（社会科学版）1994 年第 1 期。

② 周国韬："自我调节学习论"，载《外国教育资料》1995 年第 1 期。

③ 何巧燕，何基生："关于'导向型自主学习'概念的探讨"，载《河北师范大学学报》2009 年第 2 期。

④ 刘娜："自我调节学习的自我实现循环模式"，载《安徽农业大学学报》（社会科学版）2001 年第 4 期。

教师要引导他们去想；当学生的思路狭窄时，教师要启发他们拓宽；当学生迷途时，教师要把他们引上正路；当学生无路时，教师要引导他们铺路架桥，当学生'山重水复疑无路'时，教师要引导他们步入'柳暗花明又一村'的佳境"①。

第三，异步性。

作为一种教学模式，自主学习不同于传统教学模式中的"齐步走"，即统一的学习内容、学习步调及学习进度。它认为学生的学和教师的教都具有异步性。每个学生都是一个独立的个体，其学习风格、认知特点、学习能力水平都存在差异，自主学习强调学生可以根据自己的学习需求、学习习惯来安排学习进度。而教师的作用比以往更加重要，要了解学生的个性特征、知识经验基础，在课堂中巡回观察，根据不同学生的学习情况进行有针对性的指导。②

（二）影响自主学习的因素

心理学家认为，学习不论是认知的、情感的或是运动技能的，并非仅仅由自我过程来决定，它还受环境、集体、社会、家庭等因素的影响，因此影响自主学习的因素可分为内部因素和外部因素。

1. 影响自主学习的外部因素

影响自主学习的外部因素包括各种环境因素，环境因素又有直接和间接之分。直接的环境因素包括教师、教学法、教学模式、教材、教育技术、学生的同辈群体、班级的学习氛围等。间接的环境因素包括家庭因素和社会因素，如家庭成员、参考书、学习的场所以及其他可利用性信息资源等，这些都在一定程度上影响他们的学习。

（1）教师。

如果师生间的关系很融洽，那么学生就会把对教师的信赖转化为对学习的自主。学生感受到教师的鼓励和期望，就会增强自己学习的自主性。一个班风积极向上的集体，能使集体成员互相模仿，自主学习能力就比较强。相反，若处于强硬专断型的教师领导下，学生厌恶学习，一旦离开教师，则学习明显松弛。

（2）教学模式。

教学模式是在一定的教学思想或教学理论指导下建立起来的较为稳定的教学活动结构和活动程序。不同的教学模式对学生的自主学习所产生的影响不同。一般认为，以教师为中心的讲授式教学不利于学生的自主学习。这是因为，在这种教学模式中，教师是知识的传授者，学生是知识的接收者，学生的"学"是围绕着教师的"教"进行的。它往往使学生处于被动、服从的学习地位，没有学习的自主权，学习的自觉性和主动积极性则得不到发挥。在以学生为中心的教学模式中，教师强调学生的自主学习能力，教给学生自主学习的策略，鼓励学生自学。

（3）教材。

要保证一个好的教学大纲得以有效地贯彻执行，高质量的教材是非常重要的。教材的编写是与一定的教学目标相结合的。根据不同的教学目的，选择恰当的语言材料，再根据

① 朱瑛："对新课标实施中几个问题的思考"，载《中小学管理》2003年第10期。
② 邱细荣："自主学习课堂教学的应然与实然——基于福州某小学的课堂观察分析"，福建师范大学硕士论文，2007年，第19页。

学习者特征和学习方式等因素，编写恰当的教材。教材的各个环节安排是否恰当，对保证教学的质量，激发学习者的兴趣和动机有重要影响。

（4）教育技术。

近年来，网络技术、多媒体技术在教学中的应用日益普遍，教学内容日趋网络化，计算机辅助教学的地位越来越重要，课堂上的师生交流更多地为人机对话所取代，学生可以超出课堂教学的限制，根据自身需要获取学习材料，自主安排学习时间和地点，自由选择学习内容，自行安排学习计划，随时提出学习中的问题并能够得到及时解答。可以说，现代教育技术的发展，为学生的自主学习提供了更多的机会和便利条件。

2. 影响自主学习能力的内部因素

影响自主学习能力的内部因素主要包括自我效能感、归因、目标设置、元认知发展水平等，这些内部因素对学生自主学习能力有直接的影响。[①] 下面主要探讨影响学生自主学习能力的内部因素。

（1）自我效能感。

自我效能感是指个体相信自己有能力完成某种或某类任务，是个体的能力、自信心在某些活动中的具体体现。与学习有关的自我效能感被称为学业自我效能感。研究表明，自我效能感是影响自主学习的一个重要的内在动力性因素，它不仅影响学生的学业目标选择、付出的努力、意志控制，还会影响他们所选择的学习策略。因此，要想促进学生的自主学习，改善其学习质量，应该把提高学生的自我效能感作为一项重要的目标。

（2）归因。

归因是个体对自己的成功或失败所作出的因果解释。研究表明，如果个体把自己的学习成功归因于能力，把学习失败归因于努力不够，就更容易激发个体进行自主学习，如果个体把自己的学业成功归因于外部不可控的因素，把学业失败归因于自身能力的不足，就会影响其学习的主动性。外部提供的归因反馈对学生的自主学习也有明显的影响。

（3）目标设置。

自主学习本质上是一种自我调节的学习，是个体主动选择、调节、控制自己的学习过程。要对学习进行自我调节，就必须树立用于引导行为的参照点。目标在个体的学习过程中就充当着参照点的作用，个体正是在既定学习目标引导下，不断调控着自己的学习过程和学习策略。因此，目标被看成是自主学习的核心构成成分。为了促进学生的自主学习，教师应该力求为学生设置或者提倡学生自我设置具体的、近期的、能够完成而又具有挑战性的学习目标。

（4）元认知发展水平。

根据美国心理学家弗拉维尔（J. H. Flavell）的观点，元认知就是对认知的认知，具体地说，是关于个人自己认知过程的知识和调节这些过程的能力——对思维和学习活动的知识和控制。元认知包括元认知知识和元认知控制。例如，在教学心理学中常提到"学习如何学习"，指的就是这种元认知。元认知的实质是对认知活动的自我意识和自我调节。研究者一般把元认知分为元认知知识和元认知过程两个侧面，前者指关于自我、任务、策略等方面的知识或信念；后者主要指对认知过程的计划、监控和调节。自主学习主要通过

---

① 庞维国："中学生自主学习的教学指导模式研究"，载《心理科学》2003 年第 2 期。

个体自己来完成对学习的计划、监控和调节，因此，元认知是学会学习至关重要的一个方面，对自主学习有很大影响。影响学生英语自主学习能力的因素有很多，但主要体现在以上这些方面。了解这些因素有助于教师在课堂教学中以某个方面为突破，根据学生不同情况，有针对性地对学生施加正面影响，有意识地培养学生的自主学习能力。①

四、语言学习策略的相关研究

在越来越注重学习成效的当今时代，学会和掌握良好的学习策略对人一生的发展具有重大影响，它成为一个人生存和发展的必要条件。教育部在 2003 年 7 月颁布实施的《普通高中英语课程标准（实验）》也着重强调，高中英语课程的总目标包括"形成有效的英语学习策略"。因此，学习策略直接或间接地影响着学习者的学习成绩，在整个学习过程中占据着不可忽视的地位。

（一）学习策略的概念及内涵

"策略"（strategy）一词，在一般意义上是指为达到某种目的而采取的方法或手段。Stern（1983）认为，策略指语言学习者采用的方法的一般趋势或总体特征。1956 年，美国心理学家 Bruner 率先使用了"认知策略"的概念。

1958 年 Simon 等人在计算机模拟研究中提出了"学习策略"的概念。学习策略（Learning strategy），是一个多学科研究的，多层次和多维度的心理品质。② 关于学习策略的定义，目前学术界没有统一的界定，各研究者尝试从不同角度揭示学习策略的特征，如，学习策略是内隐的学习规则系统（Duffy，1982），学习策略是学习过程中用以提高学习效率的任何活动（Mayer，1984），学习策略是学习的过程或步骤（Nisbett & Shuehsmith，1986）等。尽管对于学习策略的研究已经延续了半个多世纪，国内外的学者对学习策略作了许多有意义的探索。但对于学习策略概念的界定，学术界却一直未能统一起来。许多心理学家、教育学家从不同侧面对学习策略概念进行了界定，可以归纳为以下几类。

1. 学习策略是内隐的规则系统

以杜菲（Duffy，1982）为代表的认知心理学家认为，隐性知识多是以程序性知识存在于人的潜意识之中，不能有意识地加以保持和提取，但能在适当的情境下自动激活，自行发挥作用并且无法用言语表述。学习规则也是由一系列程序性知识组成的，学习规则在长期强化和使用后，可以达到自动化的水平，即较少需要或根本不再需要大脑的注意资源就能得到执行，因而不受意识控制，成为隐性知识。同时，隐性知识是显性知识的基础，显性知识是由隐性知识转化而来的。隐性知识和显性知识不但互为前提，而且还在一定条件下互相转换。杜菲的学习策略是抽象意义上的，但却得到了近年来出现的内隐学习理论的支持。③

2. 学习策略是信息加工的具体方法和技能

Rubin（1987）认为，学习策略是有助于学习者自我建构的语言系统发展的策略，这

---

① 王宇："中学生自主学习能力的研究"，东北师范大学硕士论文，2009 年，第 10 ~ 11 页。

② 董海燕："大学生学习策略研究：学习生态的视角"，江西师范大学硕士论文，2006 年，第 12 页。

③ 晋玉："师范大学生学习策略水平的调查研究"，安徽师范大学硕士论文，2005 年，第 2 页。

些策略能直接影响语言的发展。其后，梅耶（Mayer，1988）提出，"学习策略是学习者有目的地影响自我信息加工的活动"，"是在学习活动中用以提高学习效率的任何活动。"如记忆术，做笔记法，画线法，列提纲法，阅读材料的 PQ4R 法等。Grenfell 和 Harris（1993）指出，学习策略是指学习者在第二语言学习时使用的一些习惯或做法。

3. 学习策略是学习者的思想和行为

Weistein 和 Mayer（1986）认为，学习策略是语言学习者在学习过程中为了促进其信息处理过程（encoding process）而采取的行为（behaviors）或形成的思想（thoughts）。O'Malley 和 Chamot（1990）将学习策略定义为：学习者为了帮助理解、学习和保存新信息而采取的特殊思考和行为。其后，Richards 和 Platt（1992）提出：学习策略是学习者使用的有目的的行为和思考，目的是为了更好地帮助他们理解、学习或记忆新信息。

4. 学习策略集具体方法/技巧、行为/步骤、思想为一体

O'Malley 和 Chamot（1990）把学习策略定义为是学习者采取的技巧、方法或者刻意的行为，其目的是提高学习效果和易于回忆语言的形式及内容。Oxford（1992）认为，语言学习策略是学生为了发展第二语言技能而使用的，经常是有目的的具体行动、行为、步骤或技术。这些策略可以促进新语言知识的内化、储存、提取或使用，并且他提出，策略是发展交际能力所必需的自主参与的工具。

5. 学习策略是信息加工与对信息加工过程进行调控的统一体

该分类代表的观点有：里格尼（Rigney，1978）提出，学习策略是学生用于获得、保持与提取知识和作业的各种操作与程序；凯尔和比森（Kail & Bisan，1982）认为，学习策略是一系列学习活动过程，而不是简单的学习事件；琼斯、艾米伦和凯蒂姆斯（Jones、Amiran & Katims，1985）将学习策略定义为被用于编码、分析和提取信息的智力活动或思维步骤。①

（二）学习策略的分类

1. 根据学习的心理过程进行划分

研究者从学习的知、情、意的心理过程出发，建构学习策略的结构。如迈克卡等人（Mokeachie et al，1990）将学习策略概括为认知策略、元认知策略、资源管理策略。奥克斯福德（Oxford）认为，学习策略包括五个层面：元认知策略，用来帮助学生计划、管理以及评估学习过程的策略；情感型策略，用来提高学习兴趣和态度，如多给正面的鼓励和反馈；社会策略，用来促进学生之间的合作，一方面可提高学习兴趣，另一方面可透过合作学习增进理解能力；记忆与认知策略，用来增强记忆与思考能力；补偿性策略，用来与学习者沟通，帮助学生克服知识上的不足。Dembo（1994）提出，学习策略包括认知策略和元认知策略，前者是对信息进行直接加工的有关方法和技术，后者则是对信息加工过程进行监控和调节的有关方法和技术。Pokey（1990）把学习策略区分为元认知策略、认知策略和努力策略。谷传华、辛涛等（1998）将学习策略归为元认知策略、认知策略、动机策略和社会策略。②

---

① 董海燕："大学生学习策略研究：学习生态的视角"，江西师范大学硕士论文，2006 年，第 13 页。

② 解登峰："大学生学习策略调查问卷的编制"，安徽师范大学硕士论文，2007 年，第 16 页。

2. 根据学习活动的系统性进行分类

研究者从学习活动角度出发，构建学习策略的结构。如丹塞路（Danseur，1985）把学习策略分为基础策略（primary strategy）和支持策略（support strategy）。基础策略是指直接操作材料的各种学习策略，主要包括信息获得、贮存、信息检索和应用的策略，如识记、组织、回忆等策略；支持策略主要指帮助学习者维持适应的认知氛围，以保证基础策略有效操作的策略。包括计划和时间筹划、注意力分配与自我监控和诊断的策略。Weinstein 和 Mayer（1983）将策略归为八个方面：复述策略、综合策略、基本解释策略、综合解释策略、基本组织策略、综合组织策略、理解检测策略、情感和动机策略。温斯坦（Weinstein, C. E., 1985）认为，学习策略包括认知信息加工策略，如精细加工策略；动机信念策略，如应试策略；辅助性策略，如处理焦虑；元认知策略，如监控新信息的获得。她与同事们所编制的学习策略量表（1990）包括：信息加工、选择要点、应试策略、态度、动机、时间管理、专心、焦虑、学习辅助手段和自我测查十个分量表。史耀芳（1991）认为，学习策略可由注意策略、组织策略、联想策略、情境策略、动机和情绪策略、元认知策略等因素构成。周国韬等将学习策略划分为计划性策略、努力策略和认知策略。刘志华和郭占基则把它归纳成组织策略、搜集信息、复述与记忆与自我监控和环境构建九种通用性策略。①

3. Oxford 的分类框架

对学习策略进行系统分类的另一位研究者是 Oxford（1990），在总结自己以及别人研究成果的基础上，根据策略与语言材料的关系，他将学习策略分为直接学习策略和间接学习策略，然后进一步将它们分为六大类，其中三大类为直接策略，另外三大类为间接策略。每一大类又分为若干小类，共有十九个小类。每个小类又分出若干种学习策略。最后共列出六十多种学习策略。直接学习策略涉及对目的语的心理加工，包括记忆策略（如归类和联想等）、认知策略（如推理、分析、概括和操练等）和补偿策略（如根据上下文猜测意义等）。间接策略是通过计划、评价、寻找机会、控制焦虑、促进合作等方法为语言学习提供间接支持，主要包括元认知策略（如集中注意力、有意识地寻找练习机会、指定学习计划以及自我评价学习的进步等）、情感策略（如减低焦虑、自我鼓励等）和社交策略（如质疑、与本族语者的合作以及文化意识等），相当于元认知策略和社交情感策略。②

4. 文秋芳的分类框架

文秋芳依据 Skehan（1989）的观点，将策略分为管理策略和语言学习策略。前者与学习过程有关，后者与语言学习材料有关。管理策略包括：确立目标、制订计划、策略选择、自我监控、自我评价、自我调整。语言学习策略专指语言学习，具有语言学科的独特性，分为传统和非传统两大类。其中每项策略各有三项子策略，分别为：形式操练策略、准确性策略、使用母语策略（传统语言学习策略），意义操练策略、流利程度策略、回避母语策略（非传统语言学习策略）。她提出英语学习策略包括观念和方法两个子系统。所谓观念，是指学习者对"如何学好英语"的认识。方法是指学习者为学好英语所采取的

---

① 解登峰："大学生学习策略调查问卷的编制"，安徽师范大学硕士论文，2007 年，第 18 页。
② 陶雪静："高中生英语词汇学习策略调查研究"，东北师范大学硕士论文，2010 年，第 5 页。

行动。方法又分为管理方法和学习方法两种。管理方法指学习者为了安排和组织语言学习活动所采取的一系列做法，通常不涉及英语语言材料本身。①

第三节　关于民族认同的研究

认同（identity 或 identification）是一种情感、态度乃至认识的移入过程，认同的过程有时是无意识的，有时则是有意识的。② 最早从心理学的角度提出"认同"概念的是弗洛伊德。弗洛伊德认为，认同是指个体潜意识地向某一对象模仿的过程，是个人与他人、群体在感情上、心理上趋同的过程。他认为认同是一种心理防御机制，对于个体的心理安全感和幸福感来说具有重要意义。③ 之后，埃里克森在弗洛伊德认同概念的基础上，提出了"自我同一性"的概念，进一步对认同进行了解释和阐述。埃里克森认为，自我同一性是一种发展的结构，有时它指一个人对其个体身份的自觉意识，有时指个体对其性格连续统一体的无意识追求，有时指自我综合的无言操作，有时则是指对某个群体的理想和特征的内心趋同……④

马凌诺斯基认为，"民族认同"的概念是"认同"含义在民族研究领域内衍生出来的。⑤ 王希恩在研究中认为，"民族认同即是社会成员对自己民族归属的认知和感情依附"⑥。陈丽华则认为，民族认同"是指个人对某个族群团体的归属感觉，以及由此族群身份所产生的想法、知觉、感情和行为"⑦。庄锡昌认为，民族认同有广义和狭义之分，广义的民族认同指对某一主权民族国家的认同，也就是国家认同。狭义的民族认同指一个国家内部的各个民族对各自民族文化的认同，也就是族群认同。⑧ 总之，民族认同是一个与群体成员的态度、价值观密切联系的概念，不仅是对自我所属民族的心理认同和归属，也涉及对"他群体"或"外群体"的区分与排斥，是"以族群或种族为基础，用以区别我群与他群，是同他族他群交往过程中对内的异中求同、对外的同中求异的过程"⑨。

"民族认同"研究涉及民族学、社会学、历史学、心理学、人类学等多学科研究领域，一直是学术界所关注的焦点问题。在著作方面，万明钢的《多元文化视野价值观与民族认同研究》一书，对藏族大学生的民族与文化认同，汉族、藏族和回族大学生的民族认同与族际归因、自我概念与宗教意识、不同民族中学生主观幸福感的跨文化问题、回族青少年宗教价值观社会化、回族社区女性宗教生活等问题进行了研究；⑩ 黄贵权的

---

① 文秋芳：《英语学习策略论》，上海：上海外语教育出版社 1995 年版，第 20～28 页。
② 费惠宇，张潘仕：《社会心理学辞典》，石家庄：河北人民出版社，1988 版，第 45 页。
③ 车文博：《弗洛伊德主义原理选辑》，沈阳：辽宁人民出版社 1988 版，第 375 页。
④ ［美］卢文格，李维译：《自我的发展》，沈阳：辽宁人民出版社 1989 年版，第 360 页。
⑤ ［英］马凌诺斯基，费孝通译：《文化论》，北京：华夏出版社 2002 年版，第 67 页。
⑥ 王希恩：《民族过程与国家》，兰州：甘肃人民出版社 1997 版，第 140 页。
⑦ 陈丽华："台北市阿美族学童族群认同发展之研究"，载《人文社会科学》1999 年第 9 期。
⑧ 庄锡昌：《多维视野中的文化理论》，杭州：浙江人民出版社 1987 年版，第 45～48 页。
⑨ 李远龙："广西防城港市的族群认同"，载《广西民族学院学报》（哲学社会科学版）1999 年第 1 期。
⑩ 万明钢：《多元文化视野价值观与民族认同研究》，北京：民族出版社，2006 年版。

《瑶族志：香碗——云南瑶族文化与民族认同》一书，对瑶族的香碗问题进行了研究，其研究涉及瑶族的宗教、亲属制度、宗教制度、村寨等主要内容；① 张丽剑的《散杂居背景下的族群认同：湖南桑植白族研究》一书，对桑植白族历史、文化的探讨无疑将推动该领域的进一步研究，包括散杂居背景下的生存问题和族群认同问题。② 其他相关著作还包括《族群性与族群认同建构——四川尔苏人的民族志研究》、《后民族主义的认同建构及其启示》、《漂在北京——少数民族的身份认同与社会适应》、《群体身份与多元认同——基于三个土族社区的人类学对比研究》、《客观文化、主观认同与民族意识》、《欧洲的灵魂——欧洲认同与民族国家的重新整合》等等。

在学术论文方面，解志苹、吴开松的《全球化背景下国家认同的重塑——基于地域认同、民族认同、国家认同的良性互动》一文认为，国家认同是维系一个国家存在和发展的重要纽带，具有重要的意识形态功能，全球化及其带来的地域主义、民族主义的兴起对民族国家认同起到了消解作用，但也为国家认同的解构和重塑提供了机遇，国家需要从利益体系、制度体系、观念体系入手，形成地域认同、民族认同与国家认同的良性互动；③ 徐黎丽的《论多民族国家中民族认同与国家认同的冲突——以中国为例》一文以中国这个多民族国家为例，主要论述了民族认同与国家认同冲突产生的根源、冲突的内容，分析构建当代国家认同的因素。④ 张宝成的《民族认同与国家认同之比较》一文，对民族认同与国家认同的关系进行了研究，认为民族认同与国家认同既有着差异性，存在着一定意义上的冲突，同时二者之间也是一种相辅相成、互为补充的关系。只有处理好民族认同与国家认同的关系，使少数民族在原有的民族认同的基础之上形成国家认同，实现从民族认同到国家认同的转变，才能实现各民族的共同繁荣和社会主义现代化建设的宏伟目标；⑤ 冯光的《民族认同的交往和经济规律与改革开放条件下的中华民族认同》一文认为，中华民族只有通过深化对外开放，全面参与国际竞争，在提高民族交往的"广泛度"和"对比度"中增强中华民族认同感，应该通过完善市场经济，在构建中华民族经济利益共同体中提高中华民族认同感；⑥ 覃乃昌的《从族群认同走向民族认同——20世纪中后期广西的民族识别研究之三》一文认为，族群是偏重于文化特征的概念，民族是偏重于政治的概念，文化上各具特点并内部认同的族群，经过民族识别，已从族群认同走向民族认同，但这种民族认同是建立在族群认同的基础之上的；⑦ 何群的《论民族认同性与多民族国家民族政策的成功调整》一文认为，对民族认同性复杂性的分析，对民族认同

① 黄贵权：《瑶族志：香碗——云南瑶族文化与民族认同》，昆明：云南大学出版社，2009年版。
② 张丽剑：《散杂居背景下的族群认同：湖南桑植白族研究》，北京：民族出版社，2009年版。
③ 解志苹，吴开松："全球化背景下国家认同的重塑——基于地域认同、民族认同、国家认同的良性互动"，载《青海民族研究》2009年第4期。
④ 徐黎丽："论多民族国家中民族认同与国家认同的冲突——以中国为例"，载《西北师范大学》（社会科学版），2011年第1期。
⑤ 张宝成："民族认同与国家认同之比较"，载《贵州民族研究》2010年第3期。
⑥ 冯光："民族认同的交往和经济规律与改革开放条件下的中华民族认同"，载《贵州民族研究》2009年第6期。
⑦ 覃乃昌："从族群认同走向民族认同——20世纪中后期广西的民族识别研究之三"，载《广西民族研究》2009年第3期。

性对于多民族国家政治统一、内部秩序和谐的正反两方面作用的分析及相关变量的研究，可以启发我们的思路，增添思想上某种有益的兴奋感；①　其他相关研究还包括金志远的《民族认同：民族基础教育课程知识选择的逻辑起点》、李学保的《民族认同、族裔民族主义与后冷战时代的世界冲突》、李帆的《近代中国的民族认同和民族精神的弘扬》、孙九霞的《现代化背景下的民族认同与民族关系——以海南三亚凤凰镇回族为例》等等。

与民族认同相关联的另一个概念是"国家认同"。国家认同的概念出现在 20 世纪 70 年代行为革命时期的政治学学科领域。伴随着苏联解体、东欧剧变而引发的第三次民族主义浪潮，使得传统的国家认同受到了强烈的冲击，国家认同的重要性随之日益彰显。国家认同是随着人出生时被赋予的公民身份而具备认同前提的，它是指一个国家的公民对自己祖国的历史文化传统、道德价值取向、理想信仰信念、国家政治主权等的认同。②　国家认同实质上是一个人、一个民族对自己所属国家的身份的确认，自觉地将自己或自己民族的利益归属于国家，形成捍卫国家主权和整体国家利益的主体意识。因此，国家认同是一种重要的公民意识，是维系一个国家存在和发展的重要纽带，人们只有确认了自己的公民身份，了解了自己与国家之间的密切联系，将个体归属于国家，才会关心国家的利益，主动地在国家利益受到侵害的时候挺身而出，自愿地在国家文化受到歧视的时候为国家的发展承担起责任。③

对于国家认同，有人认为，按照多数人的意志，在各族裔群体平等参与民族社会活动基础上，以多元主义的精神，发展出统一的公共文化就是国家认同；也有人认为，民族认同能够在族裔、民族等不同层面上得到整合则是国家认同的目标。④　因为"国家认同一般起源于共同的祖先、共同的体验、共同的种族背景、共同的语言、共同的文化以及共同的宗教"⑤。在多民族国家中，国家认同是基于各个民族与国家的共同利益、对国家的热爱而表现出的对国家行为体的认同意识。⑥　可以说，国家认同是民族认同提升和拓展的必然结果，反过来国家认同为民族认同构建安全的地域和心理边界。

在我国西南边疆地区，由于历史与自然环境的诸多原因形成了少数民族多沿陆地边界聚居分布的传统格局，在漫长的边境沿线及其毗邻的周边国家之间，世代居住着诸多跨境民族，其中仅云南省就有 16 个少数民族跨境而居。⑦　这些跨境民族之间的不断冲突与融合，形成了极为多元的社会文化与各自独特的民族文化，在全球化日益渗透的情形下，文化适应、民族认同和国家认同已成为突出的、国家社会普遍关注的问题，西方学者在这一

① 何群："论民族认同性与多民族国家民族政策的成功调整"，载《内蒙古大学学报》2001 年第 1 期。

② 贺金瑞，燕继荣："论从民族认同到国家认同"，载《中央民族大学学报》（哲学社会科学版）2008 年第 3 期。

③ 张宝成："民族认同与国家认同之比较"，载《贵州民族研究》2010 年第 3 期。

④ 徐黎丽："论多民族国家中民族认同与国家认同的冲突——以中国为例"，载《西北师大学报》（社会科学版）2011 年第 1 期。

⑤ 余潇枫：""认同危机"与国家安全——评享廷顿《我们是谁》"，载《毛泽东邓小平理论研究》2006 年第 1 期。

⑥ 徐黎丽："影响西北边疆地区民族关系的变量分析"，载《云南师范大学学报》2009 年第 3 期。

⑦ 谷家荣："滇边跨境民族研究六十年的回顾与前瞻"，载"学术探索"2010 年第 4 期。

领域进行了大量的研究工作。西方学者主要对民族认同的内涵及其影响因素、民族认同的结构、民族认同的发展、民族认同与文化适应等问题进行了系统的实证研究。尤其在民族认同的发展问题上，西方学者提出了许多相关的理论，解释少数民族认同和适应发展的过程。① 但是，系统地运用多种方法对我国少数民族的民族认同问题进行实证研究，在我国还比较少见。佤族是一个云南省独有的跨境民族，主要分布在澜沧江与萨尔温江之间的山地，分属于缅甸与中国。中国境内佤族现有人口 39 万多人。随着佤族与其他民族之间文化交往的加强，融合也日益增进。佤族自身的传统文化、社会价值观也正不断地发生变迁。由于"现代经济的发展，特别是以市场经济为推进力而势如破竹冲向全球的全球化进程，从根本上冲破了传统的封闭性，极大地拉近了各个民族、各个族群之间的距离。同时各种差异直接碰撞，直接对抗，从而导致了新的矛盾和冲突"②。因此，佤族的民族认同、国家认同（即中华民族认同）及文化融合的状况如何，他们的民族认同又与哪些因素相关，这些都是值得探索的问题。佤族民族认同与国家认同的深入研究，对于促进佤族与其他民族之间的良性交往与相互融合、促进西南边疆的和谐稳定及构建和谐的边疆民族关系，都具有重要的理论和实践意义。

第四节　关于语言学习与民族认同关系的研究

关于语言学习与民族认同关系方面的研究并不多，少数研究主要侧重于民族教育与民族认同之间的关系研究，诸如陈新仁主编的《全球化语境下的外语教育与民族认同》一书，对学生的民族认同、民族认同与外语学习之间的关系、民族认同与跨文化交际之间的联系、境外外语教育政策对民族认同的影响等问题进行了研究，并在此基础上提出外语教育中文化教学的原则，并指出未来相关研究的方向和问题。③

一些学术论文也涉及此方面的研究，诸如张立军、曲铁华的《社会和谐发展的民族认同及其教育研究》一文，解析了"民族"、"认同"、"民族认同"的概念，提出了认同过程的逻辑假设，即从少数民族的族群认同到中华民族的整体认同，阐述了民族认同的条件与社会和谐发展的基本要素，探讨了民族认同及其教育在中华民族多元一体的和谐社会构建中的价值；④ 夏桂霞的《应重视多民族国家青少年的国家意识认同教育》一文认为，中华民族是一个多元一体的多民族国家，在世界多元文化思潮的冲击中，应该重视公民国家意识认同教育，尤其是要重视当代青少年的国家意识认同教育；⑤ 王亚鹏、万明钢的《民族认同研究及其对我国民族教育的启示》一文，回顾了民族认同研究的一些研究成果，指出民族认同研究对少数民族学生心理健康教育以及对其民族认同和国家认同培养的

① 万明钢，王亚鹏："藏族大学生的民族认同"，载《心理学报》2004 年第 1 期。

② 李红杰："全球化、民族要素的相对性与当代族群关系的特点"，载《中南民族学院学报》2002 年第 1 期。

③ 陈新仁主编：《全球化语境下的外语教育与民族认同》，北京：高等教育出版社，2008 年版。

④ 张立军，曲铁华："社会和谐发展的民族认同及其教育研究"，载《东北师范大学学报》（哲学社会科学版）2011 年第 2 期。

⑤ 夏桂霞："应重视多民族国家青少年的国家意识认同教育"，载《民族教育研究》2010 年第 4 期。

启示;① 张慧真的《教育与民族认同：贵州石门坎花苗族群认同的建构》一文，讨论了20 世纪 30 年代，政府对石门坎苗区推行的教育同化政策的内容和过程，并借此反映国民政府如何以民族主义来收编西南边远的花苗族群作为新兴民族国家的成员;② 其他研究还涉及语言与民族认同的关系，诸如高梅的《语言与民族认同》、王远新的《青海同仁土族的语言认同和民族认同》等。

---

① 王亚鹏，万明钢："民族认同研究及其对我国民族教育的启示"，载《比较教育研究》2004 年第 8 期。

② 张慧真："教育与民族认同：贵州石门坎花苗族群认同的建构"，载《广西民族学院学报》2002年第 4 期。

第三章 研究对象：云南佤族

第一节 佤族概述

一、佤族的起源

关于佤族的起源，普遍流传着"司岗里"的神话传说。按照西盟佤族的解释，"司岗"是石洞，"里"是出来，意即人是从石洞里出来的。按照沧源佤族的解释，"司岗"是葫芦，"里"是出来，意即人是从葫芦里出来的；各地佤族虽然对"司岗里"的解释有所不同，但都把阿佤山视为人类的发祥地。根据西盟佤族自治县马散大寨佤族的传说，其主要内容如下：

> 利吉神和路安神创造了天和地，创造了太阳和月亮，创造了动物和植物，创造了人，把人放在石洞里。后来木依吉神让小米雀（鸟名）啄开石洞，人才从石洞里出来。佤族最先出来，随后是汉族、拉祜族、傣族和散族。人从石洞里出来后，不会说话，也不会种地，到处奔走。

> 人和野兽一起走。兽走在前，人走在后。人饿了就吃野兽的肉。走着走着前面出现了大海。人们向木依吉神要谷种。他把谷种放在海水底下，人取不出来。让野兽去取，也取不出来。后来，蛇用尾巴插入水中，才取出来了。人们有了谷种，就砍树割草，开始会种地了。

> 人们看见岩燕（鸟名）做巢，也学着做。从此，人们就有了房子住了。当时的房子是很矮很矮的。

> 雷神和他的姊妹成婚，于是谷子长不好了。大家抄了雷神的家。雷神从此跑到天上去了。

> 人们用的火熄了，便向天求火。猫头鹰去求火，没有求来。萤火虫去求火，求来了，可是没有学来取火的方法。又叫蚱蜢去求火，才学会了雷神取火的方法，教给人们摩擦取火。

> 人们让格雷诺和格力比两人来当领导。格雷诺是男子，格力比是女子。他们结了婚。格力比创造了道理，从此有了兄弟男女之序。女子比男子先懂得道理，男子要听女子的话。后来，女子不愿当领导了，便让格雷诺来领导。但是男子有不懂的事情，要向女子请教。女子共领导了三十代人，男子才领导二十代人。①

---

① 云南编辑组：《佤族社会历史调查》，昆明：云南人民出版社，1987 年版。

这一传说，历代相传，反映了佤族古代生活的片段。人从石洞里出来，大概是对远古穴居生活的回忆。与野兽为伍，反映着狩猎时代的生活。有关求谷种的传说和到处迁徙，说明了初期农业的特征。雷神与姊妹通婚和格力比与格雷诺领导关系的变化，反映了佤族曾经经历了母系氏族阶段，后来才出现父系氏族，也体现了从群婚到对偶婚、一夫一妻制的婚姻关系演变。①

在我国先秦时期的著作如《山海经》、《竹书纪年》和《国语》中，都有僬侥这个族称的记载。《后汉书》也记有"永昌郡徼外僬侥种夷内附"。"僬侥"与佤族自称"巴饶"的语音很相近。永昌郡治在今云南保山，其辖区南部和西部正是佤德语支各族的分布区。僬侥很可能是佤德语支各族的先民。后汉时期，在永昌郡又有哀牢人居住。从《华阳国志》和《后汉书》的相关记载看，当时的永昌郡已是民族杂居的地区，有穿胸、儋耳、闽、越、濮、鸠僚、倮、裸濮等族。哀牢人并非指某一个民族，应该是居于哀牢山区各民族的总称，也包括佤族的先民在内。公元前109年，汉武帝置益州郡，辖区达到今保山市的广大地区。当时分布在澜沧江以西的佤族、布朗族、德昂族的先民，已在西汉的统属之下。公元69年，东汉置永昌郡，辖区包括今临沧市、普洱市、西双版纳傣族自治州、德宏傣族景颇族自治州的佤族分布区。魏晋南朝时，仍置永昌郡。唐代，佤族先民受南诏政权统治。宋代，佤族分布地区的北部，属大理政权的永昌府地。②

唐朝时期，云南澜沧江和怒江流域是各民族的杂居区，族称很多。据《蛮书》、《新唐书》等记载，有望、望苴子、望外喻、朴子蛮、木棉濮、赤口濮、金齿、绣脚、绣面、寻传、么些等等。其中望、望苴子、望外喻这些名称和现在佤族的自称"佤"基本相同或十分相近。总而言之，望、望外喻、望苴子当时属同一族体，亦即后来的佤族。可见，濮人作为东汉、两晋以来佤德语支各族先民的统称，到了唐代已由濮人中逐渐分化出一部分望人，并被见载于文献，"望"这一称谓无疑是当时"佤"这一称谓的前身。关于佤德语支各族的记载非常少，但在《蛮书》中仍然出现了部分相关历史记载：

> 望苴子蛮在澜沧江以西，是盛逻皮所讨定也。趫捷，善于马上用枪铲，骑马不用鞍。跣足，衣短甲才蔽胸腹而已，股膝皆露。兜鍪上插氂牛尾，驰突如飞。其妇人亦如此。南诏及诸城镇大将出兵，则望苴子为前驱。

> 望蛮外喻部落在永昌北。其人长排持鞘前往无敌，又能用木弓短箭。箭簇傅毒药，所中人立毙。妇人亦跣足，以青布为衫裳，联贯珂贝巴齿真珠，斜络其身数十道。

> 自澜沧江以西越赕朴子，其种并是望苴子。俗尚勇力，土多马。开元以前，闭绝与六诏不通。……阁罗凤以后，渐就柔服。通计南诏兵数三万，而永昌居其一。③

元朝时期，云南西南部有蒲蛮居住，这在《元史》、《新元史》和《云南志略》中都

---

① 《佤族简史》编写组：《佤族简史》，北京：民族出版社，2008年版，第18页。
② 杨宝康："佤族"，载《中国佤族"司岗里"与传统文化学术研讨会论文集》，昆明：云南人民出版社，2009年版，第3～4页。
③ （唐）樊绰：《蛮书》，卷4，北京：中华书局，1962年版。

有记载。蒲蛮分"熟蒲"和"生蒲"。"熟蒲"分布在今保山、昌宁、凤庆、云县一带；"生蒲"分布在"熟蒲"的南部。"熟蒲"和"生蒲"之分，反映了佤德语支各族各地社会发展的不平衡，从其分布来看，"生蒲"主要指的是佤族。元朝时期，佤族居住的地区分别属于云南行省的镇康路和孟定路军民总管府。镇康路是以今镇康县、永德县为中心的地区；孟定路军民总管府包括今耿马傣族佤族自治县、双江拉祜族佤族布朗族傣族自治县和沧源佤族自治县部分地区。孟定路东南又置木连路，包括了今澜沧拉祜族自治县、孟连傣族拉祜族佤族自治县和西盟佤族自治县等地区。

明朝时期，佤德语支各族有了比较明确的区分，在澜沧江和怒江流域有大百夷、小百夷、蒲人、古剌、哈剌、缅人、结些等族称。这里的大百夷为傣族，阿昌为阿昌族，缅人为缅族，怒子为怒族，蒲人、古剌、哈剌即为佤德语支各族，而且蒲人主要是指布朗族，古剌、哈剌则指的是佤族和德昂族。明代设孟连长官司。在佤族分布的其他地区又设置了镇康御夷州和孟定御夷府，后又在孟定御夷府地分置耿马宣抚司，仍属孟定御夷府。清代沿袭明制，略有变更。1887年，设镇边直隶厅，辖孟连、西盟、澜沧和沧源等地。民国时期，沧源、耿马置设治局，镇康、双江、澜沧（包括孟连和西盟）均改为县。从佤族与中央王朝历史关系的发展以及佤族居住区域的建制沿革中可以看出，两千多年来，佤族与内地各族人民建立了不可分割的关系，他们的居住地区早已成为祖国版图的一部分。①

> 哈剌男女色为漆黑，男子以花布为套衣……妇人类阿昌，以红黑藤系腰数十围。古剌类哈剌……蒲人、阿昌、哈剌、哈杜、怒子皆居山岭，种苦荞为食，余则居平地或水边也。语言皆不相通。……夷人无阴阳医人僧侣之流，事无大小皆以鸡骨占凶吉，无推步日月星辰缠次之书，不知四时节序，惟望月之出没以测时候。人病则命巫师路旁祭鬼而已。地多平川，土沃人繁，村有巨者户以千计。然民不勤于务本，不用牛耕，惟妇人用镬锄之，故不能尽地利。②

> 嘎喇，永昌、腾越内外境具有之。耕种类阿昌，形状似倮罗。恶悍好斗。妇女斜缠布于腰。居山岭，户不正出，屋迎山门。迁徙无常，不留余粟。③

从历史记载来看，佤族社会在不断地发展，经济生活已从狩猎、采集为主过渡到以农业经济为主的发展阶段。但是当时佤族的农业，起初还具有经常迁徙的性质，后来便渐趋于定居，从而也反映了从更原始的以血缘为联系的公社形式过渡到以地缘为基础的原始农村公社。这一情况，从佤族的建寨历史也可以得到相应的说明。现有佤族村寨，多数有250～500年的历史，这标志着他们从狩猎采集和迁徙农业的不定居生活发展到以农业为主的定居生活。但是，佤族当时的农业生产是相对落后的，只种旱地，不种水田，刀耕火种，"惟妇人用镬锄之"。在与汉族、傣族交错杂居或受他们影响较大的镇康和阿佤山边缘地区的佤族比较先进，而阿佤山中心地区，如西盟地区的佤族则比较落后。④

---

① 杨宝康："佤族"，载《中国佤族"司岗里"与传统文化学术研讨会论文集》，昆明：云南人民出版社，2009年版，第4～5页。

② （明）李思聪：《百夷传》，见景泰《云南图经志书》，卷10。

③ （清）曹树翘：《滇南杂志》，卷24，《续云南通志稿》，卷162。

④ 《佤族简史》编写组：《佤族简史》，北京：民族出版社，2008年版，第27页。

　　清朝初期，佤族的族称更加明确，从《滇云历年传》、《续云南通志稿》等记载看，有"嘎喇"、"哈瓦"和"佧佤"等。在西盟、沧源及周围各县居住的佤族，在这一时期与汉族、傣族和拉祜族的关系也加强了。清朝初年，有不少汉族到阿佤山西北部的班洪、班老、永邦、班况一带开银矿。这些汉族矿工，有的是随明永历皇帝和李定国去缅甸时流落下来的，有的则是"穷走夷方，急走厂"的贫苦人。之后，大批汉族矿工流落当地，出现了汉人村，也有一部分落户在佤族村寨，后融合于佤族。这些汉族对当地的佤族产生了积极的影响，使得这一带地区的佤族最初学会了种植水稻。清咸丰年间，佛教（大乘）徒达东波等十余人从大理经澜沧进入今沧源佤族自治县岩帅佤族地区。他们一面传播佛教，革除了当地佤族的猎人头的习俗，一面帮助佤族人民发展生产，教给佤族群众种水稻和牛耕技术。因此，岩帅及周围地区的佤族，至今尚感其德，达东波的事迹还在像神话一样地传颂着。清朝同治十二年（1873年），拉祜族的政治和宗教首领三佛祖朱阿霞带领部分拉祜族和汉族进入西盟地区。他以武力和宗教相结合的手段对西盟佤族实行了羁縻统治。三佛祖把西盟地区划分为4个"脚马"（行政区划），分别委任拉祜族和汉族管理，并在佤族部落、村寨头人的基础上，加封了长爷、新爷、新官、客长、管事、伙头等官职。三佛祖及其后继人，对佤族只是羁縻统治，并没有冲破其原有的社会政治组织，也不能对佤族进行政治的摊派剥削和奴役，只能以佛教的名义使佤族每年每户给三佛祖等大米一小碗。但是，这些不同民族之间的交往促进了佤族与其他民族之间的商品交换，冲破了他们原来的那种自我封闭状态。此外，先进的生产工具相继传入西盟佤族，并传入了牛耕技术，有力地促进了当地佤族的社会生产。①

　　阿佤山区是一个十分富庶的地方，早在1885年英国侵略者侵占缅甸后，便将其侵略魔爪伸向中国云南边疆地区，阿佤山首当其冲，尤其是垂涎班洪、班老一带丰富的银、铝矿。1890年和1892年，英国侵略者曾两次派遣特务潜入阿佤山区进行秘密侦查，当即遭到佤族人民的反抗，班老佤族严禁武装特务通过自己部落的辖区。

　　1934年1月，英国公然武装侵占矿区，制造了有名的"班洪事件"。班洪、班老部落首领邀集周围十多个部落，剽牛立盟，组织武装，誓将英国侵略者赶出国门。景谷、澜沧、缅宁（今临翔区）、双江、耿马等地的汉族、傣族、拉祜族、彝族等各族人民组成1 400多人的"西南边防民众义勇军"前来支援，打得侵略者狼狈不堪。但是国民党政府屈服于英帝国主义的压力，强迫遣散义勇军，压制佤族人民的反抗斗争。1936年，以班洪为首的佤族17个部落王发出了《告祖国同胞书》，严正声明阿佤山"自昔远祖，世受中国抚绥，固守边疆……我佧佤山数十万户宁血流成河，断不作英帝国之奴隶，即剩一枪一弩一人一妇一孺，头颅可碎，此心不渝……愿断头颅，不愿为英帝国牛马，此志此情坚持到底"。佤族人民大义凛然的呼声，得到举国舆论的响应，终于挫败了英帝国主义的强盗行径。

　　抗日战争时期，佤族和各族人民为抗击日本侵略者入侵云南，以人力、物力和财力积极支援滇西南抗日部队，并组织"耿马沧源支队"、"阿佤山区游击支队"、"阿佤山特区自卫支队"、"班洪自卫支队"等游击队与侵略者展开武装斗争。1944年，又配合抗日部队在班洪、班老等地痛击日寇，收复失地，将日军驱逐出孟定。在持续近百年的反侵略斗

---

① 《佤族简史》编写组：《佤族简史》，北京：民族出版社，2008年版，第29~31页。

争中，佤族人民用长刀、镖枪、弓弩等原始武器狠狠打击了拥有洋枪、洋炮和现代装备的侵略者，为捍卫祖国的领土完整和统一作出了重大贡献，写下了佤族人民反抗外来侵略者的历史篇章。①

二、佤族的分布、支系和语系

（一）佤族的分布

佤族古代的分布，虽然以阿佤山为中心，但却不限于阿佤山区。在中国云南省的保山市、德宏傣族景颇族自治州和西双版纳傣族自治州，缅甸的兴威（又称木邦）和景栋，泰国的景迈等地区，至今尚有少数佤族居住。镇康以北，西至腾冲、梁河，北至永平、保山，东至景东、巍山，自汉朝至唐朝（公元前 2~9 世纪）曾经是哀牢山人、濮人和望人的居住地。可见，佤族原先的分布区域是很广的，东西跨澜沧江和萨尔温江，北至德宏傣族景颇族自治州和保山地区，南及缅甸的景栋和泰国的景迈一带，阿佤山则是他们的中心分布区。

自唐朝以后，佤族分布区的各个民族发生了局部的迁徙和民族之间的自然融合。唐朝初年，南诏在唐朝扶持下，在唐朝和吐蕃两大势力的矛盾中间逐渐强大起来。南诏先后吞并其他五诏，终于在天宝九年（750 年）脱离唐朝的统治而成为独立的政权。南诏是一个奴隶制国家，在南诏统治时期，为掠夺奴隶，迫使奴隶生存，不断用政治力量强迫云南各民族迁徙。例如，南诏曾把西爨 20 万居民迁至保山一带的永昌地区，又把永昌地区的居民（主要是佤德语支各族和部分傣族等）迁往内地。这就引起了佤族北部地区民族居住情况的变化。佤德语支各族在南诏的政治压力下，有些也就不断南迁了。由于汉族、傣族和拉祜族不断向佤族分布区迁徙，引起了佤族居住区域的变化，一部分佤族与上述民族交错杂居起来，一部分自南和自北向阿佤山区集中。经过长期和逐步的民族迁徙和民族融合，到了清朝中叶以后，佤族的分布情况就大体形成了相对比较稳定的状态。②

目前，全世界佤族人口约 100 多万，根据 2000 年第五次全国人口普查统计，我国佤族人口数为 396 610 人，缅甸约 60 多万人。泰国、老挝也有一些佤族的支系，但人数不多，约 3 万~5 万人。阿佤山故称葫芦国，是当代佤族人口的聚居区域，但据史料记载和民族传说，佤族先民之濮人和隋唐的茫蛮部落以及宋元的金齿部落的分布非常广泛，包括了我国境内的大理、保山、德宏、临沧、沅江流域，西双版纳及缅甸北部、老挝北部、越南北部地区。③

据 1951 年调查记载，佤族人口及分布为："佤山西北至镇康，南至缅甸景栋属地的猛念，长达一千多里，宽约八百多里，这一区域都为阿佤山人居住。据统计：约 60 万到 80 万人（连未定界之阿佤山人在内），在我国境内约 10 万多人。"④

---

① 杨宝康："佤族"，载《中国佤族"司岗里"与传统文化学术研讨会论文集》，昆明：云南人民出版社，2009 年版，第 5 页。

② 《佤族简史》编写组：《佤族简史》，北京：民族出版社，2008 年版，第 9~10 页。

③ 桑耀华："茫蛮和金齿族属试论"，《云南社会科学》1983 年第 3 期。

④ 国家民委：《中央访问团第二分团·云南民族情况汇集》（下），云南民族出版社，1986 年版，第 191 页。

我国佤族分布在云南西盟、沧源、孟连、耿马、澜沧、双江、镇康、永德等县，西双版纳傣族自治州和腾冲、昌宁、景东等县也有少量的佤族居住。西盟佤族自治县和沧源佤族自治县是佤族的主要聚居区，据 2005 年 1% 人口抽样调查，西盟县的佤族人口为59 470 人，沧源县佤族人口为 138 268 人。其居住的地区山峦重叠，平坝很少，习惯上称为阿佤山区。地处亚热带的阿佤山区，土壤肥沃，气候温和，雨量充沛，林木茂盛，翠竹成林，四时葱绿。西盟的佤族自称"阿佤"、"阿佤莱"和"勒佤"。对其他地区的佤族，汉族、傣族、拉祜族统称为"阿佤"或"佧佤"。"佧佤"又有"大佧佤"和"小佧佤"之分，"大佧佤"指西盟等地的佤族；"小佧佤"指沧源的佤族。

（二）佤族支系

佤族自称，因支系不同而有所区别。有"佤"、"乌"、"阿佤"、"阿卧"、"哀佤"、"布饶"等等，至少存在着二十多种称谓。例如，"阿佤"（勒佤），居住在阿佤山腹地；"布饶人"，他们人数最多，遍居各地，中、缅、泰等国均有布饶人；"佤"人，居住在镇康、施甸、承德等县；"腊"人，曼相、龙夸等地区佤族自称为腊人；"佤固德"，指西盟县翁嘎科及境外缅甸的一部分佤族；"佤崩"，西盟县阿佤莱人自称为"佤崩"。根据各地佤族自称，大致可分为以下 7 个支系。

1. "阿佤"（勒佤）支系

关于"佤"的源流，西盟山中心地带将自己视为"佤"的本源，所以也自称为"佤奴姆"，即佤的根源的意思。他们的传说是这样描述的：

> 人神一体的巨人达能，在人神一体的女神烨奴姆身上抹了口水，于是烨奴姆
> 便生出人类第一女始祖安桂。安桂有 5 个儿女，即 3 男 2 女。他们是哀佤、尼文
> 和桑倒这 3 个男始祖；两个女儿是：叶荣和依东。

"阿佤"（勒佤）支系后来又分为哀佤谱系、尼文谱系、桑倒谱系、叶荣谱系、依东谱系。以上五个人及其后裔都是安桂的后代。安桂是佤族和布朗族的女始祖，安桂的母亲烨奴姆（妈农、烨麻姆）是人类共同的母亲。她在巴格岱（缅甸佤邦）生安桂，也就是佤族传说中的"司岗里"，即人类女始祖生佤族女始祖安桂的地方。

2. 布饶人支系

关于布饶源流及谱系，其传说与前面的勒佤人差别不大。都有一个共同的特点，即他们在敬拜祖先和神灵时，都要说："葫芦里来，司岗里生。"德昂族与布朗族也有此说。所以，"司岗"与"葫芦"可能是种族形成的象征。布饶人，在阐述祖先的历史时，还说他们曾经在滇池建立过家园。后来因民族战争被北方来的民族打败，才从北方出逃下来，顺着澜沧江而下。

3. 佤崩支系

佤崩，又称阿佤莱。阿佤莱居住在西盟县力所乡，他们认为自己与勒佤和佤固德的不同之处在于他们走南闯北，不管走到哪里都能通达，并能入乡随俗适应各地环境。"佤崩"传说他们祖先原来住在保山大理一带，后来被北方的民族打败了，一部分人迁到缅甸的安佤西波，从安佤西波又迁到现在的西盟县力所乡。还有一部分迁到泰国的清迈、清莱等地区。佤崩的文化习俗与德昂更接近，布饶人与布朗人更接近。不过他们都是古代濮和哀牢人的后裔。

4. 佤固德支系

佤固德，意即留下者或停留在原地的佤族。佤固德，指西盟县翁嘎科人和孟连的一部分佤族。缅甸景栋周围山区的"佤库特"与我国西盟翁嘎科人（佤固德）同属一个支系。佤固德与布饶人以及桑倒共同的传说，是他们居住在缅甸及泰国的平坝地区时均为一家人（一个支系），后来被掸族打败了出逃上来，才分为各个不同的支系。他们原本也有文字，后来在逃亡时文字丢掉了。西盟翁嘎科人的服饰特点是尖头帽，帽上有编串起来的芦谷或银泡。

5. 佤（乌）支系

现在的佤人分别属于两个民族：佤族和布朗族。镇康、永德的乌人属佤，澜沧和西双版纳的佤人划属布朗族。不过佤族与布朗族是亲缘种族，均同源于古代的永昌濮人和哀牢人。乌人又叫"本人"，"本人"一词为汉语，即本土之人的意思。传说他们是永昌地（保山大理一带）的最早土著，故称"本人"。

6. 腊人支系

龙夸、曼相（缅）等部落都自称为"腊人"或"究腊"，傣、掸、拉祜等民族均称为"腊"。"腊"一词，原是本民族的自称，后为他称。德宏州的盈江县和西双版纳的勐腊县，傣语均称之为"勐腊"。勐，即地方之意；腊，即腊人。勐腊，全译为腊人故地。

7. 恩人与宋人支系

恩人与宋人，居住在缅甸景栋一带，他们的方言与布饶人接近。他们说自己的祖先为达恩和达宋，所以他们自称为恩与宋的后代，他们的历史传说与布饶人和澜沧布朗族相同，在景栋时大家是一家人。祖先为达栋和达档，在被掸族打败后出逃的路上，才分为不同支系。恩人、宋人和澜沧芒堆的布饶人以及澜沧糯福的布朗族，其生活习惯也非常相近。

（三）佤族语系

佤语属南亚语系孟高棉语族佤德语支。与佤族三种主要自称相当，佤语有三种方言，即佤方言、巴饶方言和阿佤方言，每种方言又有土语的差异。佤语三种方言的语法基本相同，方言之间的同源词平均超过80%，不同方言区的人们经过短时间的接触就能够通话。佤语与布朗语、德昂语很相近，除语音、语法大致相同外，在词汇方面也有很多共同点，反映了他们在族源上的密切关系。说佤语、布朗语、德昂语的民族是我国西南部和中南半岛最早的居民之一。

新中国成立前，除部分地区曾使用过传教士设计的一种文字外，佤族没有通用文字，他们用实物、木刻记事、计数或传递消息。木刻一般用0.5寸至1寸宽的竹片，长度不等，一边或两边刻口，以示意或记事。实物则表达特定的意思，如甘蔗、芭蕉、盐巴表示友好，辣椒表示气愤，鸡毛表示事情紧急，火药、子弹表示要械斗等等。新中国成立以后，党和政府非常重视佤文的创制，1956年派出少数民族语言工作者对佤族语言进行全面、深入的调查，并着手佤文的设计工作。1957年在云南省昆明市召开了佤族语言文字科学讨论会，正式通过了佤文方案（草案），创制了拉丁字母拼写的佤文字。1958年，云南省少数民族语言指导工作委员会和中国科学院少数民族语言工作者对佤文方案（草案）进行了修改完善。

新中国成立后，除了佤语佤文外，佤族人民很多人学会了汉语，绝大多数的民族干部都能直接用汉语文字学习政治理论和科学技术，阅读书报资料。改革开放以来，随着社会经济的发展和教育的普及，佤族人民学习汉语的要求日益迫切，通晓汉语文字的人越来越多，不懂汉语的人在逐渐减少。[①]

三、佤族的风俗文化和宗教信仰

（一）佤族的风俗习惯

1. 家庭、家族、村寨和部落

佤族的村寨多建在山坡或小山巅，房子随山势而建，不拘方向，由高而低。一个村寨的规模，大者上百户，小则十几户，一般在百户上下。从用材上说，主要有竹木结构和土木结构两种。从建筑样式上说，主要有"干栏式"楼房和"四壁落地房"两种。西盟、沧源的佤族以竹木结构为主，为"干栏式"建筑，一般分上下两层，上层住人，下层无遮挡，用做畜厩或堆放农具杂物。佤族在修建房子时有互助的习惯，一般当日即可建成。大头人和有钱的人可以建"大房子"，其标志是在房上设特别的木刻，墙上挂有象征富有的带犄角的牛头骨，形式和陈设则和普通住房相同。室内有主、客、鬼三个火塘，主火塘供煮饭用。佤族以稻谷（大米）为主食，也食用小红米、玉米和豆类。肉类以家养的禽畜为主，有牛、鸡、猪等，农闲时猎取野猪、麂子、九节狸、野鸡、鸟类等食用。蔬菜品种众多，有竹笋、青菜、黄瓜、冬瓜、辣椒和野菜等。佤族的饮食比较简单，普遍食用烂饭，一般日食两餐或三餐。过去，佤族在吃饭时大都用手抓食，现在都用筷子和勺。佤族喜欢喝酒，将小红米煮熟拌入酒药发酵，约半个月后将其放在竹筒内掺入冷水，即成水酒。佤族有"无酒不成礼，说话不算数"的说法。他们还喜欢饮苦茶、吸草烟和嚼槟榔。

佤族的服饰各地不同。西盟佤族传统的男子服装，是无领短上衣，裤子短而肥大，用黑色或红色的布缠头，青年男子颈部多以竹圈或藤圈为饰。女子穿黑色无领短衣，下围直筒折裙，头戴银箍或篾箍，以银项圈和多串料珠为胸饰，腰部和颈部戴若干藤圈，还喜欢戴多个银镯和大耳环。沧源佤族的男子服装，是圆领对襟上衣，裤子短而肥大，用黑色或红色的布缠头。女子以长发为美，戴银或铝制的耳饰和项圈，穿圆领窄袖右衽开襟短衣，胸饰有银泡数排，下穿直筒长裙，有多种花纹。永德、镇康的佤族服饰与当地的汉族服饰基本相同。

尊敬老人是一切民族的道德规范，佤族也不例外。佤族格言"格拉那格拉扬"意为"孝敬是礼"，反映了佤族重要的道德规范。佤族以尊重长辈、孝敬老人为荣，尊重老人的言谈、行为。若老人失去劳动力，儿女们则负担赡养费用，或代为劳动生产。老人死后，也有送终之礼。爱护儿童同样是所有民族的道德规范。由于种族繁衍的艰辛与医药卫生的落后，生命在阿佤山显得脆弱而珍贵，因此，佤族特别注重对儿童的爱护与养育。佤族格言"格拉莫格拉宏"意为"相爱是礼"，主要体现在对儿童的爱护与养育上。佤族儿童在成长过程中，其父母在幼儿满月及儿童五岁时要举行两次育儿仪式，以后还要带儿童参加各种宴会，学习"阿佤礼"，让其懂得美好生活要靠劳动来创造。在日常生活中，佤族忌讳打骂儿童，因为这不仅会使儿童肉体受到伤害，更主要的是会把儿童的灵魂吓跑。

① 杨宝康："佤族"，载《中国佤族"司岗里"与传统文化学术研讨会论文集》，昆明：云南人民出版社，2009年版，第2页。

佤族创造了简单的历法。每年有 12 个月，岁首月以某种自然现象为标志。根据每个月的气候和其他条件，安排生产、宗教和其他活动。佤族创造的传统节日主要有新火节、播种节和新米节。新火节是佤族的年节，充满了"辞旧迎新"的色彩。每年农历十二月或次年一月，村寨各家各户在长者的指挥下熄灭火塘的火，举行"送旧火"仪式，然后到神山用"钻木取火"的方式取新火种，并带到长者家中燃成大火，各家各户再将新火取回使用。在佤族看来，新火节是灾难、饥饿、疾病的结束，是吉祥、温饱、健康的开始。播种节在每年农历三月十五日前后举行。播种之前，头人先要召集村寨的长者杀鸡看卦，择定吉日并祭祀谷魂后，各家各户便开始到田地播种。夜晚，大家围着火塘吃饭、喝水酒，接着到广场唱歌对调，祈祷风调雨顺，家家丰收。新米节在每年农历八月中旬举行。当谷物开始成熟时，头人召集有威望的长者商定吉日。过节前，村寨的青壮年男子要修路搭桥，妇女则打扫卫生，洗涤衣物。节日这天，由各家各户到田地里采摘少许谷穗，统一到主办节日的头人家，然后就杀鸡、宰猪、过滤水酒，煮糯米饭，饭熟后，头人念祝辞，看鸡卦，大家开始吃饭、喝水酒，共庆丰收。当夜幕降临，男女老少齐集广场，唱歌跳舞，热闹非凡。此外，耿马四排山的佤族有青苗节，沧源班洪、班老的佤族有贡象节等。随着民族文化的交往，佤族也有端午、中秋、春节等汉族的传统节日。

佤族以一夫一妻制的家庭为社会的基本生产和消费单位。财产多由幼子继承，女子没有继承权。多妻为社会所允许。佤族命名时用父子连名制，其特点是"逆推反连"，由自己上溯祖先。例如"散比里——比里松"，这是一个家谱中的两代，其中"散比里"标明"散比"是"比里"的儿子，"比里松"也标明"比里"是"里松"的儿子。两代相连虽然仅指"散比"与"比里"两人，但却标明儿子、父亲和祖父三代人的辈分。过去男女在婚前可以自由交往，称为"串姑娘"，青年男女三两成群聚在一起，对唱情歌，中意者赠送礼物定情。经过谈情说爱，如男女双方愿意结合，便可缔结婚姻，但需由父母做主。结婚时，男方要给女方聘礼，称为"奶母钱"和"买姑娘钱"，后者可以延期交付。禁止同姓通婚，是佤族缔结婚姻中的一条严格的律令。所谓"同姓"，是出于同一祖先具有血缘关系的人们，对佤族来说，是家族。佤族过去特别盛行姑舅表婚，与外族通婚的情况很少。

佤族的丧葬习俗主要以土葬为主，间有火葬、野葬等遗俗。佤族把人死分为"永孟姆"（善终）和"永早敖"（凶死）两类。凡是正常死亡的，如老死病死的，并在家中死的为"永孟姆"，凡是意外死亡的，如刀、枪、水、火、自杀、难产以及死于外地者为"永早敖"。丈夫在妻子妊娠期病死的，也视为"永早敖"。佤族对两类死亡的丧俗有明显区别，"永早敖"者不能和"永孟姆"者葬在一块墓地，也不能实行同等规模与形式的葬礼。阿佤山每个村寨都有两块墓地，一块为葬"永孟姆"者的墓地，一块为葬"永早敖"者的墓地，两块墓地在寨子西边一公里左右，"永孟姆"者的墓地在上，"永早敖"者的墓地在下，相隔一定距离。佤族的丧葬习俗中，墓穴的选择有时用鸡蛋占选，鸡蛋抛起到人的头顶，让鸡蛋落下，若鸡蛋破碎，则表示死者愿意埋在那个地方，若不破碎，则需另选，以鸡蛋破碎为准。佤族墓地真正体现了公有的性质，死者无论选择墓地的哪一个地点，都无"占有权"，如再有死者葬在同一地点，仍有选择的自由。佤族村寨墓地的简朴性也许是世界民族中的典型。而且，佤族的传统葬俗既不立碑、不起坟，也不举行扫墓祭拜活动，体现了佤族人民协调自然环境的愿望和能力，以确保和谐的生存环境。

佤族文学属于民间口头文学，内容包括神话传说、故事、童话、寓言、谚语等等。佤族人民通过各种文学形式，展示了佤族的审美观念、道德观念、宗教信仰和风俗习惯，成为我国民族文学宝库中一朵艳丽的奇葩。广泛流传在佤族地区的《司岗里》神话传说，是佤族人民家喻户晓的口头文学，内容包括天地的形成、动植物的产生、人类的起源和民族产生、语言由来等。《司岗里》神话把佤族社会生产、生活经验、民族历史、文学艺术、民族关系、风土人情等融为一体，是集合佤族传统文化的"百科全书"。佤族的文化艺术有绘画、雕刻、音乐和舞蹈等。佤族的绘画和雕刻艺术大都与佤族的神话传说和宗教信仰有着密切的联系。绘画一般体现在"大房子"的木板壁上绘制人像、动物图像等，大都简单原始；雕刻除了在"大房子"的屋脊上刻有人像和鸟像外，剽牛祭鬼标志的牛角叉和木鼓上也往往刻有人像和牛头等，也都较为粗糙和简单。此外，沧源崖画的族属一般认为是佤族，在十五个崖画点上，可辨认的图形有一千多个，绘画颜料以赤铁矿粉末、动物血和胶质植物液体混合而成。沧源崖画构图简练，人物、动物图形千姿百态，反映了沧源崖画地区先民狩猎、放牧、村落、战争、舞蹈等内容，具有重要的艺术价值和科学价值。佤族是一个能歌善舞的民族，具有极其丰富的音乐、舞蹈资源。佤族音乐的特点主要是原始、朴素、优美、健康，以其质朴的音调和粗犷的风格而独具一格。歌曲都是一些民歌，有劳动歌、情歌、宗教歌、悼念歌、欢庆歌和儿歌等；使用的乐器有口篾、短笛、葫芦笙、独弦琴、木鼓、象脚鼓、铜锣、钹等。佤族舞蹈题材广泛，舞风古朴粗犷、热情奔放，主要的舞蹈有圆圈舞、木鼓舞、盖房舞、舂碓舞、甩发舞、象脚鼓舞、竹竿舞等。其中的木鼓舞和甩发舞是佤族舞蹈的经典之作，展示了佤族文化的深厚底蕴和浓郁的民族特色，享誉中外。

2003 年，西盟佤族自治县新创了木鼓节。2004 年，沧源佤族自治县新创了司岗里狂欢节。两个节日都是以民族大团结和传承佤族优秀传统文化为主旋律，加快县域经济发展和旅游文化产业发展的重要举措。①

2. 窝朗、头人、魔巴和头人会议

西盟佤族政治和宗教的管理者有窝朗、头人、魔巴，每个村寨都有一个大窝郎和若干个小窝郎。窝朗的多少，与村寨中木鼓房的数目大体一致，因木鼓房是由窝朗管理的。全寨性的木鼓房由大窝朗管理，各小寨的木鼓房分别由各个小寨的小窝朗管理。窝朗的产生是从最早建寨的一姓人中选举出来的。若同时由几姓人建寨，则由这几姓人杀鸡看卦产生，哪姓人的卦好，就由哪姓人当窝朗。窝朗产生后，便世代相承。窝朗的职权最初很广泛，负责管理村寨中的宗教、政治和其他事务。但到了新中国成立前，窝朗的职权范围已经大大缩小和没落了。在西盟佤族中心区，如马散和岳宋等寨，窝朗名义上还是村寨的领袖，具有一定的威信，但实际上他所管理的只是宗教上的某些事务，其他事务则由头人负责管理。在边缘区的有些村寨，如中课寨等，窝朗已是可有可无。有的村寨已经没有窝朗了，他原先的职权完全被头人所代替。窝朗的没落，是与佤族原始农村公社的没落相一致的。

头人是汉称，佤族自称"扩"（泛指头人或年老的人）或"达"（小辈对长辈的称

---

① 杨宝康："佤族"，载《中国佤族"司岗里"与传统文化学术研讨会论文集》，昆明：云南人民出版社，2009 年版，第 6～7 页。

呼），意即老人，或称"函永"和"函痕"。"函永"，意思是管理寨子的人；"函痕"，是指能说会道、善于办事的人。佤族也接受了其他民族的封号，如拉祜族的客长、新官和管事等，傣族的岗勐、庞勐和根勐等。头人大多数是通过选举产生的。佤族的选举是一种自然过程，是逐渐被群众推选出来的。被选举的条件可归纳为三点：经济条件优越，善于讲话办事，勇敢公平等。头人是随着私有制的发展、阶级分化和村社的渐趋没落而从富裕阶层中产生出来的。头人与窝朗相比，是新兴的管理者，虽然也保留着一些原始平均的成分，却具有了阶级的内容，比较多地代表着富裕剥削阶层的利益了。随着阶级进一步分化和阶级社会的形成，头人就发展成为专事管理村寨公共事务的统治者。头人不称职或者做错事，村民也可以"罢免"。所谓"大头人"，是威信较高且负责全寨事务的主要头人；而小头人，也有一定的威信，他们是家族长或管理小寨和协助大头人办事的人。但是，大小头人之间并没有明显的从属关系，也没有明确的分工，遇事大家商量处理。①

魔巴，佤族民间巫师的名称，是拉祜语的译音，佤语称"教气艾"、"奔柴"等，意为"祭鬼神的人"，是宗教活动主持人，被视为人与鬼神之间的沟通者。担任魔巴是会做鬼（宗教活动）的男性，他们熟悉佤族的历史和现状，知道的"阿佤理"（习惯道德规范）最多。魔巴非世袭，而是大家公认；魔巴没有完整固定规范的传授制度，主要靠自我修炼和体会，不需要任何仪式和手续。区别大小魔巴的标准是掌握做鬼知识的多少和执掌宗教祭仪的大小，大小魔巴之间没有统辖关系，魔巴之间也没有明确的分工，任何魔巴只要会做鬼，什么鬼都可以做。魔巴的影响局限于以血缘或地域为联系的社会群体，如氏族、部落和村寨等，一般每个村寨都有数位魔巴（数目没有定额），由其负责本村寨的做鬼。

魔巴游走于神圣与世俗之间，具有两面性，一方面从事生产劳动，与群体是平等的关系，无特权，同普通人一样具有共同的社会属性，另一方面又能通神，负责主持宗教祭祀活动，既是神的代言人，通过占卜看卦下传神旨，是鬼神对人们现实生活的支配者，又通过念咒祭献上达民意。魔巴做鬼一般没有特别报酬，只能吃到做鬼的饭菜，做大鬼时可分得若干钱、盐和谷子。可见佤族传统社会还没有出现脱离生产劳动的宗教职业者，魔巴兼具掌管祭神活动的祭司和施行巫术的两种功能。魔巴刚刚出现分层，由大魔巴做大鬼（用老母猪、牛等为祭品的重要宗教活动），小魔巴做助手，小魔巴只能做小鬼（用鸡、老鼠等为祭品的一般宗教活动）不能做大鬼；但魔巴的分层并不明显，大魔巴也可以做小鬼。佤族长期处于刀耕火种的农业阶段，村寨（部落）的一切重要活动，几乎都有魔巴的参与或主持（组织），所以赋予了魔巴许多综合职能，其主要的社会职能有：①定期主持重要祭仪祭祀神灵，祈求神灵保佑村寨人畜安康、生产丰收；②主持人生礼仪，帮助人们顺利度过生命历程中的关键时刻，完成人生角色的转换；③实行巫术，招魂驱鬼治病；④解释习惯法，指出神明裁判，调节部落（村寨）内部纠纷或与外族村寨的械斗等。②

窝朗、头人和魔巴在群众中有一定的威信，管理着村寨中的一切事务，但他们之中任

---

① 《佤族简史》编写组：《佤族简史》，北京：民族出版社，2008 年版，第 65～67 页。

② 李娅玲："游走于神圣与世俗之间——西盟佤族魔巴流变述论"，载《中国佤族"司岗里"与传统文化学术研讨会论文集》，昆明：云南人民出版社，2009 年版，第 370～371 页。

何人都不能独断专行。有关村寨大事，必须召开头人会议协商解决，有的还要召开寨民大会协商解决。头人会议的召集者不一定是村寨的主要头人，往往是由最先接触和处理该事的头人来召集。头人会议的参加者，根据事情的大小和情况，有的是全村寨的头人，有的是有关此事的部分头人，与事有关的群众必须参加，其他群众也可以自由参加。当会议进行到一定阶段，到会者的意见发表得差不多了，召集会议的头人或与会威信最高的头人就作归纳大家意见的发言，这也就是会议的决议了。决议一旦形成，到会头人轮喝一次酒，就算定下来了。如果意见不一致，而且争论很大，便另行开会，再进行协商，或者提到寨民大会上讨论解决。可见，头人会议在西盟佤族中起着极为重要的作用，任何事情都必须通过它来解决。①

（二）佤族的宗教信仰

佤族普遍信仰"万物有灵"、"灵魂不灭"的原始宗教。佤族的宗教信仰可分为三类：一类是佤族传统的自然崇拜，即原始宗教；一类是其他民族的佛教；一类是西方的基督教。原始宗教信仰是佤族最具特点和普遍性的信仰；佛教和基督教传入佤族地区的时间不长，信仰者也只是部分地区的佤族。

1. 原始宗教

佤族相信灵魂不灭和万物有灵。在他们的观念中，人类、山川、河流、植物、动物和凡为他们所不能理解的一切自然现象如风雨雷电等等，都有灵魂，或称鬼神。佤族对鬼和神并没有分开，都指观念中的灵魂。佤族认为人的生、老、病、死都与灵魂有关。通过人性的泛化和外推，也就很容易地认为自然界的一切事物和现象都有灵魂，都受一个不可理解的力量所主宰，由此形成了万物有灵的自然崇拜或称原始宗教。佤族存在浓厚的自然崇拜，反映着他们社会发展的阶段和水平。为了得到鬼神的保佑，佤族的宗教活动十分频繁。每年全寨性的祭祀照例由祭水鬼祈求风调雨顺开始，接着是拉木鼓、砍牛尾巴、剽牛、猎人头祭谷、祈求丰收等一系列活动。猎头的习俗是原始社会习俗的一种残余，由于生产落后而长期保留下来。

佤族最崇拜的是"木依吉"神，把它视为是主宰万物的最高神灵和创造人间万物的"鬼"。佤族所进行的如拉木鼓、砍牛尾巴和猎人头祭谷等较大的宗教活动，都是为了祭祀它而举行的。每个佤族村寨附近，都有一片长着参天大树的茂密林子，佤族称其为"龙梅吉"，即"鬼林地"。佤族认为神林是"木依吉"存在的地方，人们不能乱闯进神林，不能动神林中的一草一木、一石一土，否则就会受到神灵的惩罚。至今，许多佤族村寨的神林还保护得较好，有的已成为风景林，有的仍作为禁忌场所。沧源勐角乡翁丁村的神林、糯良乡南撒寨的一片林地、单甲乡单甲大寨东北面的原始森林和班洪乡南板村的一片大榕树林，都是不可乱闯之禁地。

佤族信仰和崇拜的另一重要的神是"阿依俄"，把它供奉在房内鬼神火塘左边的房壁上，视其为男性祖先，凡有男性的人家都供奉它。每当遇到大事如结婚、生育、死亡、生产、盖房、收养子等等事情，都要祭它，并向它祷告。②

① 《佤族简史》编写组：《佤族简史》，北京：民族出版社，2008 年版，第 67～68 页。
② 杨宝康："佤族"，载《中国佤族"司岗里"与传统文化学术研讨会文论文集》，昆明：云南人民出版社，2009 年版，第 9～10 页。

佤族的宗教活动，大致可分为两类：一类是以个人或家庭为单位的私人祭祀活动；一类是以村寨为单位的公共祭祀活动。其中，以村寨为单位的公共祭祀活动，由于地区之间文化形态及演变进程的不同其差异也较为明显。在西盟佤族地区，公共祭祀主要是围绕着"木依吉"信仰以及木鼓文化展开的，具有极为浓厚的本民族特点。而沧源等地的公共祭祀活动主要是围绕着村寨保护神展开的，如以村寨保护神为对象的祭寨神林、祭寨桩活动，以及"取新火"活动等。①

佤族每年较大的宗教活动始于"做水鬼"。"做水鬼"的意义是祈求全年风调雨顺，具体活动是修理饮水槽。佤族村寨大多坐落于山坡或小山巅，这里既没有河流，也没有人工井。他们的生活用水是用粗竹劈开的竹槽把山中泉水引进寨内。这种用竹子做的引水槽，每年都要修理。所以，"做水鬼"时，除杀鸡宰猪祭祀之外，每家都得出一人和竹子等物参加修理水槽。这种活动，往往延至数日，修好为止。

"做水鬼"之后，紧接着便是拉木鼓。木鼓是西盟佤族的一个标志，每个村寨有一个至数个木鼓房。每个木鼓房放两个木鼓。木鼓是用约两米长的粗树干挖空而成。它是通神之具，也是崇拜之物。平时是不能乱敲的，只有较大的宗教活动和紧急的军事活动之时，才能鸣鼓以聚众。拉木鼓是全寨性的宗教活动，主要是把在山林砍到的一段粗树干拉入寨内木鼓房，再把它挖空成为木鼓。

砍牛尾巴也是佤族较大的宗教活动。这一活动的意义是把木鼓房供过的旧人头骨送到寨外鬼林中。全寨每年砍牛尾巴的家数（主祭者）至少一家，越多越好。若一家砍牛尾巴，就把木鼓房祭过的颅骨送到鬼林安放。若多家主祭，先祭者把旧颅骨送到鬼林，做过宗教仪式之后再拿到木鼓房，最后祭者方把旧颅骨安放到鬼林。②

2. 佛教

佤族信仰的佛教，有汉传佛教和南传上座部佛教两派。汉传佛教，也称为大乘佛教，百年前由大理传入沧源岩帅和单甲等村寨，到新中国成立前信仰的人已经很少。南传上座部佛教，传入佤族地区约有百年左右，首先传入沧源的班老，后传到班洪、勐角等地。新中国成立前，佤族信仰南传上座部佛教的约有两万多人。

信仰大乘佛教的佤族，主要在沧源县岩帅区和甲单区的个别村寨。清光绪年间，大乘佛教僧人达董保（一译为"达东保"）等十余人，从大理经澜沧、猛省、贺南、班老进入岩帅地区。当时，除南马大寨继续信奉原始宗教之外，岩帅、团结、勐省等地的佤族相继信仰大乘佛教，并影响到甲单地区的一些佤族村寨，还在岩帅修建了佛寺。大乘佛教祭祀观音菩萨，烧香、磕头，祈求菩萨保佑，被当地人称为"礼库吾"、"礼赛玛"。20世纪40年代，岩帅佛寺被火烧毁，长老搬居澜沧，佛爷、和尚还俗，该地区的大乘佛教也就自然消失了，但它的思想仍影响着部分佤族群众。

南传上座部佛教在南诏时自缅甸、泰国传入我国云南。佤族中最早信仰南传上座部佛教的是镇康永德的佤族，据说至今已有五百余年的历史。发展至20世纪50年代，中国佤族信仰南传上座部佛教的地区主要有沧源县班洪、班老、勐角、南腊和西盟、双江、耿马、孟连、永德、镇康等县受傣族影响较深的部分佤族村寨。佤族所建佛寺与傣族一样，

① 韩学军：《佤族村寨与佤族传统文化》，成都：四川大学出版社，2007年版，第18页。
② 《佤族简史》编写组：《佤族简史》，北京：民族出版社，2008年版，第74～75页。

亦称缅寺，但它远不如傣族的富丽堂皇，而是与一般住房条件相似的比较简陋的草房。有的佛寺两间，有的佛寺三间，房中或敬有佛像，或没有佛像。佛寺内分为长老、佛爷、和尚三个等级。其中长老是最高教职，但并非每个佛寺都有长老；其次是佛爷，受长老的统辖，具体办理佛教事务；和尚则是十多岁的佤族男孩子，跟着长老或佛爷念经，学习识字和学习知识。

佤族地区的南传上座部佛教每年有三个较大的宗教节日和众多的其他宗教活动。三个宗教节日即堆沙节、关门节和开门节。堆沙节是最重要的节日，于每年佤历六月（公历3－4月）举行，连续三天，进行拜佛、歌舞等活动。关门节和开门节分别于每年佤历的九月（公历6－7月）和十二月（公历9－10月）举行。这些佛教节日，同时又是民众向佛寺捐献财物、求佛消灾赐福的赕佛活动。除这三大节日及赕佛外，每年还要举行若干次以姓（氏族）为单位的小赕。过节和做小赕时，每户人家都要捐给佛寺若干大米和钱财。①

3. 基督教

基督教传入我国已有100多年的历史，传入佤族地区也已百年。据说1902年，佤族达翁和尚等人头一批改信基督教，所以，这一年成为佤族基督教徒信仰基督教的纪念日。达翁和尚最早跟永伟理学洋文，之后便改信基督教。达翁和尚后来回到布饶人地区传播基督教，芒堆一带由魏氏达嘎负责，安康一带由陈氏达岩那负责。

1900年前后缅甸浸信会景栋教会的美国传教士永伟里等人，多次深入云南沿边拉祜族和佤族地区活动。自1921年在澜沧县糯福村建起教堂后，永伟理把教会划分为佤山部和拉祜山部，由其长子永文和负责在佤族地区的传教活动，利用行医办学、普及少数民族文字等手段促进教会的传播和发展。此后，在沧源县颇具影响的佤族"永和部落"头人的同意和支持下，教会又在沧源、双江等地的一些佤族村寨获得较大的发展，在这一区域的佤族中发展了一万多名信徒。永伟理除了教基督教信徒本民族语言文字和简单英语外，还传授数学、医学常识等自然科学。从糯福教堂学成回来的较有名的佤族撒腊（教士）有撒腊约索、撒腊艾保、撒腊尼生、撒腊嘎等等。

20世纪20年代后期，天主教也步基督教的后尘，开始进入拉祜族和佤族地区，先后建立起了50余座大小教堂，发展信徒7 000余人。但其活动主要集中在澜沧县北部的部分地区，信徒多是拉祜族，仅有极少佤族。②

到了1949年，佤族地区（主要是布饶人）的基督徒已发展到2万人，教堂几十个。由永文生牧师负责布道，各教堂的佤族撒腊配合他管理与布道。1943—1945年缅甸沦陷于日本手中，永文生撤离缅甸路经昆明回国期间，各教区（教堂）则各自为政传福音。1945年日本战败投降后，永文生于1946年回糯福重新开办教会学校，但受到国内政治的影响，1949年永文生返回美国。③

从历史的角度看，基督教在佤族地区的传播，有利于促进佤族改革祭鬼神、嗜好吸烟以及其他一些不文明的生活方式。佤文的创制，虽不够科学，但结束了佤族没有民族文字

---

① 《佤族简史》编写组：《佤族简史》，北京：民族出版社，2008年版，第202～203页。
② 韩学军：《佤族村寨与佤族传统文化》，成都：四川大学出版社，2007年版，第23页。
③ 德明：《佤族文化史》，昆明：云南民族出版社，2001年版，第186页。

的历史，为佤族培养了一批知识分子。新中国成立后，一切宗教活动全被终止。中共十一届三中全会以后，佤族地区的佛寺和基督教教堂方得以重新恢复或兴建起来。目前，尚有一部分佤族群众信仰南传上座部佛教和基督教。①

四、佤族的经济发展

长期以来，佤族与汉族、傣族、拉祜族居住在同一地区，相互之间的经济文化交流促进了彼此的发展。明代中叶以后，陆续有大批汉族矿工进入阿佤山区，开采银矿，并在此落户。清初，汉族贫苦劳动人民来到这里的更多。在班洪、班老部落一带由石屏人吴尚贤开设的茂隆银厂，矿工曾达两三万人之多。内地商人前来经商的也不绝于途。1800年，清政府因害怕"聚集丁夫，滋生事端"而关闭了茂隆银厂。之后不久，在西盟永广一带又有汉人开矿建厂。这样大规模的开矿建厂，对佤族产生了很大的积极影响，由于汉族人民带来了铁器和种植水稻的技术，这一地区的佤族锻铸铁器、冶制银器、种植水田和使用耕牛，都是从这时开始的。

新中国成立前，各地区佤族由于历史条件和与其他民族的关系密切程度不同，社会发展水平不平衡，阿佤山中心地区的西盟和沧源的一小部分佤族，还停留在原始社会末期或向阶级社会的过渡阶段；阿佤山边缘地区的佤族，农业相当落后，主要种植旱谷与小红米，水稻、荞、玉米和豆类次之，所用的铁制生产工具有犁、板锄、矛、铲、砍刀、长刀等；阿佤山中心地区佤族更为落后，由于尚未掌握冶铁技术，铁器原料仰仗外地输入，因此，铁制农具不足，还兼有一定数量的竹、木农具，如耙、臼、碓、播种筒等。个别地方还不会用犁，畜力使用也不普遍。

佤族耕地有旱地和水田之分。旱地都是山地，耕作十分粗放，有"刀耕火种"和"挖犁撒种"两种。"刀耕火种"是在长满茅草树木的荒地上，把茅草树木砍倒、晒干后放火烧光，用灰烬做肥料，不经犁挖即用矛、铲刨坑点种。"刀耕火种"的土地，一般种上两年就要轮歇。"挖犁撒种"是把茅草树木砍倒、晒干后放火烧光，用锄挖或犁耕松土，然后撒播种子。"挖犁撒种"的土地，一般要连续种三四年后才轮歇。两者的比重基本各占一半，有的地方则全是不犁不挖的"火山地"。水田基本没有水利设施，要到雨季才能犁耙的"雷响田"，坡度大，田丘狭小。在中心地区，水田的数量极少。收割的方法也比较原始，大都是现割现脱粒。脱粒多用脚搓，所收粮食贮入大竹筒内。水田的产量一般每公顷2 250公斤，旱地约每公顷1 125公斤。

佤族在劳动生产中有性别和年龄的分工。春耕时，男子将荒地上的茅草树木砍倒、晒干后放火烧光，用矛、铲或竹尖器挖穴，妇女和小孩随后点种、盖土，收割、舂米也由妇女担任。劳动力的使用率不高。在阿佤山的中心地区，频繁的村寨宗教活动、生产忌日和部落械斗等几乎要占去半年的时间。在阿佤山大部分地区，手工业有打铁、编篾、纺织、酿酒、制槟榔等，多半供家庭消费，仅在农闲时进行，尚未成为独立的生产部门。佤族妇女都会用手捻线和纺线，不用织机，用一套竹木工具织布，每天可织约一尺宽的布一米。所织筒裙和筒帕（挎包）都系自用。副业不甚发达，有饲养牲畜、采集和狩猎，后者主要是弥补粮食的不足。

① 《佤族简史》编写组：《佤族简史》，北京：民族出版社，2008年版，第205～206页。

阿佤山区形成以物易物的初级市场，只有几十年的时间。最早在西盟出现的所谓"烟会"，是随着鸦片生产的需要而出现的，内地商人用盐、茶、烟、辣椒、线、布、牛等换取鸦片。交易的方式以物物交换为主。新中国成立后，已杜绝鸦片种植。在阿佤山中心地区，生产资料私有制虽已确立，但还保留着原始农村公社的残余。每一个村社都有一定的地域范围，包括一到数个自然村。每个村社的可耕地，一般有 10% 到 20% 是村社公有的，大部分耕地及生产工具、房舍、牲畜、武器、生活用具都属个体家庭及个人所有。私有的土地可以长期占有、使用、继承、转让、抵押和买卖。村社公有的土地，凡村社成员都可以耕种。村社成员在这种所有制基础上，以个体家庭为单位进行生产。由于佤族各地区的社会发展阶段不同，人们在生产中的关系也有区别。西盟佤族在生产中有合种、换工、借种、雇佣、债务、蓄奴和租佃等关系。合种即由两家组成的共耕关系，双方平均出种子和劳动力，共同生产，产品平均分配，土地不管为何方所有，皆不计报酬。换工是在农忙季节临时组成的互相助耕关系。借种是耕地较少的农户向耕地较多的农户借地耕种。雇佣和债务关系比较普遍，前者，主、雇双方多有亲戚关系；后者，债务关系主要是互相帮助和互通有无，后来逐渐变为剥削关系。蓄奴和租佃关系存在，但不普遍。

由于财富不均，社会上出现了有吃有穿、雇工放债的富裕人"珠米"；自种自食或基本够吃的中等户"库普莱"；缺吃少穿、借债帮工的贫困户"普查"和奴隶"官觉克"。西盟佤族由于对生产资料占有的不同而出现了社会分化状况，但是这种分化还没有达到固定和明显的程度，也没有发展成为某种阶级社会的特定的阶级，而是正处于形成阶级社会的过程中。阿佤山边缘地区的生产水平，一般比中心地区先进。普遍使用铁制农具，水田比重已达到耕地总面积的 20% 以上。旱地耕作技术也较为先进，挖犁撒种已代替刀耕火种。这类地区在生产关系上的特点是政治上享有特权的部落大头人，已具有封建领主的某些性质。沧源县班洪部落基本上可以作为这类地区的典型。

新中国成立前，班洪地区封建领主性质的社会经济，大约已有一百年的历史。"班洪王"对部落辖区的土地享有最高的所有权，依附于土地的佤族人民是他的隶属民。在人们已经形成的观念中，班洪地区的一切，包括土地、山川、甚至森林中的虎、象、鹿、豹等都属于"班洪王"所有。虽然人们在生产中的经济关系也有合种、换工、借种、雇佣、债务、租佃等形式，但性质却不尽相同。譬如合种关系中已产生了剥削因素；雇工关系比较普遍；债务关系相当严重，约有 60% 以上的农民借债，而富裕阶层都不同程度地用高利贷盘剥农民。

第二节 西盟县佤族概况

一、西盟县基本情况[①]

（一）自然环境

西盟佤族自治县，位于云南普洱市西南部，介于东经 99°18′~99°43′、北纬 22°25′~

---

① 《西盟佤族自治县概况》编写组：《西盟佤族自治县概况》，北京：民族出版社，2008 年版，第 1~3 页，10 页，36~40 页，55~58 页，69~75 页。

22°57′之间。东、东北、东南环接澜沧县，南与孟连县接壤，西、西北与缅甸毗邻，国境线长 89.33 公里。东西横距约 40 公里，南北纵距 60 公里，总面积 1 353.57 平方公里。新县城位于勐梭镇优美的勐梭龙潭畔（海拔 1 155 米），距省会昆明市公路里程 675 公里，距普洱市政府驻地翠云区 266 公里。

西盟于 1965 年成立自治县，是全国仅有的两个佤族自治县之一，是一个集"国家扶贫开发工作重点县、少数民族自治县、典型的民族直过县、地处边境一线的边疆县、民族跨境而居的特殊县"为一体的边疆少数民族贫困县。全县辖 5 乡 2 镇 36 个村民委员会 3 个社区 367 个村民小组，总人口 90 620 人，其中农业人口 72 875 人，占总人口的 81%。县内居住着佤族、拉祜族和傣族等少数民族，少数民族人口占总人口的 93.6%，其中佤族占总人口的 70.5%。境内佤族、拉祜族与境外佤族、拉祜族，同宗同族，语言相通，习俗相同，山水相连，有 5 乡 1 镇 15 个村 1 个社区与缅甸佤邦接壤。

西盟地处横断山系谷区南段，为怒山余脉所控制的地带，山脉（地）由高原切割而成，属横断山脉纵谷区，上部还保留有起伏和缓的平坦地面，由于山地多为石灰岩组成，顶部发育有岩溶地貌。县境地形东北高而西南低。海拔相对高差达 1 868.9 米，山脉倾斜坡度一般在 18 度~30 度。境内山脉为南北走向，山河相间，纵列分布。山脉从东至西可分为三支：东部为盘龙山山脉，地处县境东北部，主要山峰有：岗窝少山、哦闷的科山、哈朵柯山、磨凯山、考底山、兑本山、梭么底科山、波拉锡山、班弄梁子、绑松梁子、大黄山、火烧山、盘龙梁子、龙潭西山，它们构成与澜沧县的界山；中部为拉斯龙山脉，地处县境中部，主要山峰有：土绑美山、考翁山、宾来崂山、土昂洛山、土丫考山、土朋伐山、宾伐山、土克压山、三棵树、拉斯龙梁子，它们构成县内库杏河与新厂河、南康河的分水岭；西部为西盟山山脉，地处县境西部，主要山峰有：永东山、土埂堵山、土龙弄山、大马散后山、大黑山、佛殿山、商烟街山、莫哈贺山、南堆山，它们构成新厂河、南康河与南弄河、南锡河的分水岭。全境属亚热带，其气候类型为亚热带海洋性季风气候，雨量充沛。山区地形复杂，气候垂直差异明显，海拔每升高 100 米，年平均气温降低 0.53℃，其中，600~1 400 米平均降低 0.38℃，1 400~2 200 米平均降低 0.69℃。据西盟县气象站测定，年平均气温 15.3℃，1 月最低气温 1.3℃，7 月最高气温 28.9℃，无霜期 319 天。冬无严寒，夏无酷暑。西盟地处云贵高原的西南前缘，距印度洋孟加拉湾 800 公里，受西南暖湿气流的影响，易成云致雨。雨季与干季分明，每年 5 月至 10 月为雨季，降雨量占全年降雨量的 90%，其他月份为干季。

据 1992 年土地利用现状调查统计，全县土地总面积为 203.02 万亩。可耕地 72.5 万亩，种植业面积 67.76 万亩，占全县土地总面积的 33.4%，林地占 43.3%，水域占 1.0%，公路、乡村道路占 0.19%，城镇、村庄、工矿用地占 1.34%，未利用的土地占 20.7%。县内除有一块 3 千余亩的勐梭河谷地外，其余全部为山地。境内河流均属怒江水系，大小河流共有 98 条，主干河流依山势由北向南流，注入南卡江。主要河流有库杏河、南卡江、新厂河、南康江、南锡河、勐梭河等，总长 146.45 公里。据水资源调查，多年平均降雨量为 2 758 毫米，降水总量为 28.45 亿立方米，径流量为 18.05 亿立方米，线外流入水量 2.6 亿立方米，另有勐梭龙潭湖蓄水量 500 万立方米。按 2005 年人口计算，人均拥有 2 458 立方米。水资源总量 18.05 亿立方米，水能理论蕴含量 11.96 万千瓦，目前已经开发利用 0.48 万千瓦。

（二）人口、民族与行政区划

1956 年西盟置县时，仅有人口 37 315 人。1964 年，全国第二次人口普查，全县有人口 41 298 人，比 1956 年净增 3 983 人，年均净增 498 人。1982 年全国第三次人口普查有 64 784 人，比 1964 年净增 23 486 人。1990 年全国第四次人口普查有 79 915 人，比 1982 年净增 15 131 人。1990 年末，全县有 11 277 户，77 646 人，其中男性 39 305 人，占 50.62%。[①]

3.1　西盟县各时期民族构成和比例变化统计表[②]

	1957 年		1964 年		1977 年		1982 年		1990 年		2005 年	
	人数	%	人数	%	人数	%	人数	%	人数	%	人数	%
佤族	3 670	86.14	31 695	76.8	40 513	71.91	46 596	71.9	56 706	71.0	59 470	71.79
拉祜族	3 755	8.84	5 803	14.1	9 134	16.21	10 762	16.6	13 450	16.8	14 694	17.49
傣族	1 175	2.77	1 515	3.7	1 995	3.54	2 229	3.5	2 600	3.3	2 998	3.57
汉族	638	1.5	1 935	4.5	4 302	7.64	3 899	5.9	5 750	7.2	4 887	5.82
其他民族	317	0.75	350	0.9	397	0.7	1 298	2.1	1 409	1.7	1 955	2.33
总计	42 455		41 298		56 341		64 784		79 915		84 004	

资料来源：《西盟佤族自治县概况》编写组：《西盟佤族自治县概况》，北京：民族出版社，2008 年版，第 10 页。

据 2005 年 1% 人口抽样调查，全县总人口 84 004 人。居住着汉族、佤族、拉祜族、傣族、彝族、哈尼族等民族，少数民族人口占全县总人口的 94.18%。其中，佤族为 59 470 人，占 70.79%；拉祜族为 14 694 人，占 17.49%；傣族为 2 998 人，占 3.57%。全县土地总面积 1 390 平方公里，1990 年末，每平方公里密度为 55.86 人，比 1957 年增加 28.52 人，年平均增加 0.86 人。

西盟佤族是最早世居于阿佤山中心区的民族。自称"瓦"、"安瓦"、"布饶克"、"勒瓦"等。"瓦"、"安瓦"、"布饶克"意为住在山上的人，"勒瓦"意为看守大门的人。民国时期，当地汉族、拉祜族、傣族称"阿瓦"。中华人民共和国成立后，本着各民族一律平等的原则，根据本民族的意愿，报经国务院批准，1963 年 4 月正式定名为佤族。

拉祜族是古代氐羌部落的一支。清同治十三年（1874 年），澜沧拉祜族政治宗教首领三佛祖朱阿霞，从澜沧率拉祜族和部分汉族 1 000 余人，以武力和宣传佛教相结合的方式进入西盟山区，同时又从孟连、双江、沧源、耿马及缅甸的猛卯一带召来 1 000 余户拉祜族和近 100 户傈僳族，在娜妥坝至南约，莫窝至木古坝约 300 多万平方米地带安营扎寨，

①　西盟佤族自治县志编撰委员会：《西盟佤族自治县志》，昆明：云南人民出版社，1997 年版，第 47 页。

②　《西盟佤族自治县概况》编写组：《西盟佤族自治县概况》，北京：民族出版社，2008 年版，第 10 页。

开荒种地，建立了勐坎佛房，实行"政教合一"的统治，为当时澜沧的五佛地之一。清光绪二十九年（1903年）后，由于天灾人祸，大部分拉祜族和傈僳族迁离西盟，有的迁回澜沧、孟连、双江、耿马、沧源等地，一部分迁至缅甸萨尔温江流域，经过清朝和民国年间的不断迁徙，形成今天的分布情况。

傣族自称"傣"，唐以来史称"黑齿"、"金齿"、"银齿"等，又称为"芒蛮"、或"白衣"。清以来则多称"摆夷"。中华人民共和国成立后，按傣族人民的意愿正式定名为傣族。现居住在西盟县内的傣族，据勐梭大寨傣文经书记载，是200多年前从景栋（今缅甸）迁来的。清乾隆三十年（1765年），景栋地区傣族王子争权，造成内战，发生战争，王子召丙带了1 000户傣族进入西双版纳，到贺岛后，分成两路，一路800户进入西双版纳勐遮一带，另一路200户因走错路，经勐阿、猛马进入孟连。在孟连土司的指引下，又分成两路迁徙，其中100户迁入勐核（今澜沧佛房谦六一带），另100户经孟连的景冒迁入勐梭定居（今猛梭大寨、南归、里坎），自称"傣老"。

西汉开始，西盟属哀牢地区。东汉、蜀汉、两晋时期均为永昌郡地。唐南诏时为银生节度地。宋大理时为倮黑部地。元朝十三年（1276年）属镇康路。明万历十三年（1585年）属孟连长抚司。清康熙十四年（1675年）属孟连宣抚司。民国二十二年（1933年）改为西盟区，隶属澜沧县，民国三十六年（1947年）改为西盟乡，辖8个保，隶属澜沧县。1949年4月，成立西盟区人民政府（治所驻拉巴），属澜沧县辖。1956年6月，西盟从澜沧县划出，成立西盟佤族自治县筹备委员会，1965年3月，正式成立西盟佤族自治县人民委员会（人民政府）。

2004年以前，西盟县辖新厂乡、莫窝乡、力所乡、岳宋乡、中课乡、翁嘎科乡、西盟镇、勐梭镇，共6乡2镇，2005年底行政区划调整，撤销西盟镇和莫窝乡，合并成立勐卡镇，至此，全县辖新厂乡、力所乡、岳宋乡、中课乡、翁嘎科乡、勐卡镇、勐梭镇，共5乡2镇，36个村民委员会。

勐梭镇 西盟佤族自治县县城所在地，位于县境东部，介于北纬22°33′~22°43′，东经99°30′~99°43′之间。东南与澜沧拉祜族自治县毗邻，西南与力所乡、翁嘎科乡相接，北面与中课乡相连。总面积251.86平方公里，最高海拔2 191米，最低海拔720米。年平均气温28℃~30℃，年降雨量1 894毫米。勐梭镇辖勐梭、他朗、王莫、里拉、秧洛、班母6个村民委员会和1个居民委员会，72个村民小组。总人口12 938人，其中，农业人口12 312人，非农业人口626人。人口密度为50人/平方公里。镇内共有8种民族，包括佤族、拉祜族、傣族及其他民族。

勐卡镇 距县城42公里，位于县境西北部，介于北纬22°42′~22°50′，东经99°24′~99°34′之间，东与中课乡相邻，南与力所乡相接，西以格浪龙代河为界，与缅甸隔河相望，北与新厂乡相连。总面积157.82平方公里，国境线长7.9公里。镇内气候变化垂直差异明显，干湿季节分明，年日照时数为2 194.8小时。勐卡镇辖莫窝、永业、永邦、绑哲、莫美、马散、西盟村7个村民委员会和勐卡社区，45个村民小组。总人口16 580人，其中农业人口11 861人，非农业人口4 719人。镇内民族包括汉族、佤族、拉祜族、傣族、哈尼族、彝族和其他民族。

力所乡 距县城42公里，位于县境南部，介于北纬22°35′~22°43′，东经99°21′~99°33′之间，东邻勐梭镇，南接翁嘎科乡，西与缅甸佤邦云盘区隔河相望，北与勐卡镇、岳宋乡相连，是西盟县唯一的拉祜族乡，总面积 177.79 平方公里，最高海拔 2 191.3 米，最低海拔 590 米，国境线长 13.8 公里。降雨主要集中在夏秋两季，干湿分明，年平均气温 15.3℃，年平均降雨量 2 739 毫米，年日照时数为 2 195.3 小时。力所乡辖力所、图地、左扩、南亢、王雅 5 个村民委员会，52 个村民小组。总人口 11 647 人，其中，农业人口 11 135 人，非农业人口 512 人。乡内居住着汉族、佤族、拉祜族、傣族、哈尼族、彝族等 7 个民族，其中拉祜族为 5 628 人，占总人口的 48.3%。

新厂乡　距县城 78 公里，位于县境西北部，介于北纬 22°47′~22°57′，东经 99°25′~99°33′之间，东与中课乡相邻，南与勐卡镇相接，西部和北部与缅甸毗邻。总面积 138.7 平方公里，最高海拔 2 220 米，最低海拔 880 米。国境线长 33.2 公里，是县内国境线最长的乡。立体气候明显，干湿季节分明，日照充足，雨量充沛。新厂乡辖新厂、窝羊、阿莫、代格拉、永广 5 个村民委员会，35 个村民小组。总人口 10 760 人，其中农业人口 10 440 人，非农业人口 320 人。居住着汉族、佤族、拉祜族、傣族、哈尼族、彝族等民族，其中佤族人口占 98.99%。

中课乡　距县城 28 公里，位于县境东北部，介于北纬 22°41′~22°56′，东经 99°31′~99°43′之间，东与澜沧拉祜族自治县相邻，南与勐梭镇相连，西与勐卡镇相接，北与缅甸接壤。总面积 313.3 平方公里，最高海拔 2 459 米，最低海拔 700 米，国境线长 4.8 公里。立体气候明显，干湿季节分明，年平均降雨量 2 235 毫米，年日照时数为 1 693.6 小时。中课乡辖中课、班箐、窝笼、嘎娄、永布落 5 个村民委员会，51 个村民小组。总人口 10 136 人，其中，农业人口 10 016 人，非农业人口 120 人。佤族人口占 93%，人口密度为 32 人/平方公里。

岳宋乡　距县城 54 公里，位于县境西部，介于北纬 22°39′~22°47′，东经 99°19′~99°26′之间，东与勐卡镇相邻，南与力所拉祜族乡相接，西部和北部隔南锡河、南弄河与缅甸相望。总面积 92.18 平方公里，最高海拔 1 900 米，最低海拔 618 米，国境线长 26.3 公里。立体气候明显，干湿季节分明，年平均气温 15.3℃，年平均降雨量 2 758.3 毫米，年日照时数为 2 204.7 小时。岳宋乡辖岳宋、曼亨、班帅 3 个村民委员会，39 个村民小组。总人口 6 450 人，其中，农业人口 6 063 人，非农业人口 387 人。乡内居住着汉族、佤族、拉祜族、傣族、哈尼族、彝族等 7 个民族，其中佤族为 5 915 人，占总人口的 92%。

翁嘎科乡　距县城 64 公里，位于县境南部，介于北纬 22°27′~22°36′，东经 99°21′~99°33′之间，东与澜沧拉祜族自治县相邻，南与孟连傣族拉祜族佤族自治县相接，西南以南卡江为界与缅甸隔河相望，北与力所拉祜族乡相连，东北与勐梭镇相连。总面积 222 平方公里，国境线长 16 公里。立体气候明显，干湿季节分明，年平均气温 15℃~30℃之间，年降雨量 1 800~2 200 毫米。翁嘎科乡辖英腊、班弄、班岳、龙坎、英侯 5 个村民委员会，58 个村民小组。总人口 9 388 人，其中，农业人口 9 082 人，非农业人口 306 人。乡内居住着汉族、佤族、拉祜族等民族，其中佤族 7 886 人，占总人口的 84%。

（三）民族区域自治

1. 西盟佤族自治县的成立

1956 年 6 月 19 日至 25 日，西盟县召开了第一次各族各界协商会议，出席协商会议的头人、群众代表广泛，代表中头人 131 人，群众 82 人，合作社干部 5 人，党政军 9 人，列席 33 人。会议期间，按照《中华人民共和国民族区域自治实施细则》的规定，经过各族各界代表人士的充分协商讨论后，选举组成了西盟佤族自治县政治协商委员会和西盟佤族自治县筹备委员会。讨论通过了《西盟各族各界政治协商委员会组织章程（草案)》、《西盟佤族自治县筹备委员会暂行组织条例（草案)》、《西盟佤族自治县筹备委员会工作纲要（草案)》。自治县筹备委员会主任委员由魏岩景，副主任委员由张光明、岩巩、平富昌担任。政协筹备委员会主席由西盟武工队大队长、工委副书记李炎兼任。

自 1956 年 6 月 25 日至 1965 年 3 月 5 日，经过近十年的艰苦筹备，西盟佤族自治县正式成立。1965 年 3 月 1 日至 5 日，西盟佤族自治县第一届各族各界代表大会在西盟开幕，来自西盟 7 个区 33 个乡的各族各界代表 93 人参加大会。经过严肃认真的讨论，一致通过了 3 个报告，选举魏岩景为第一任西盟佤族自治县县长，刘文福、张光明、隋嘎为副县长。中国人民政治协商会议西盟县委员会第一届一次会议也于 1965 年 3 月 1 日至 5 日同时召开。会议听取并通过了政协筹备委员会的十年工作报告，以无记名投票方式选举产生了西盟佤族自治县第一届政治协商委员会班子成员，西盟县委书记平富昌兼任政协主席。1965 年 5 月 6 日，中共西盟县委、县人民政府举行万人大会，欢庆西盟佤族自治县成立。

2. 民族关系

在新中国成立以前，西盟地区的民族关系主要表现形式包括以下几种：

部落　部落作为一种生存方式和管理制度存在于西盟阿佤山，一般把西盟佤山划分为马散、永广、翁嘎科部落以及若干个小部落。马散大寨是整个部落中建寨最早的，其他村寨都是由马散分迁出去，而后建寨。后建寨均视马散大寨为最早的老寨，承认马散"窝朗"为最大的首领，其他村民若有不懂的"阿佤礼"（历史谱系）都到马散大寨询问。但各寨之间又是基本独立的，不存在从属关系。

临时联盟　除了部落这种关系外，各部落、各村寨间，因某一事或某一利益发生纠纷械斗时，可联合起来，形成一种临时联盟关系。但事过或利益的一致性消除后，联盟也就不存在了。结成临时联盟的各部落、各村寨，在经济上、政治上和军事上都是各自独立的，且这种联盟因是临时组成的，所以不存在谁是盟主。

窝朗　新中国成立前，佤族社会中的最高首领是"窝朗"，窝朗有大小之分，大窝朗管全村寨中的一切事务，小窝朗管村寨中各自氏族的事务，同时也协助大窝朗管理全寨事务。窝朗原先权力很大，管理部落、村寨中的政治、经济、宗教、礼俗等一切事务。后来随着头人的兴起，代替了窝朗的许多权力，而窝朗则成了专管宗教、礼俗的没有实权的村寨首领。

头人　头人有大小之分，大头人管全村寨的经济、军事及与外寨的联系，小头人管本村寨中氏族的经济、军事及与外寨的联系，协助大头人做好本村寨中的事务，这些大小头人没有明显的从属关系。

巴猜　"巴猜"汉语为巫师，意即做鬼人，据说，佤族祖先自"司岗"出来后就有了巴猜，最早做鬼人的名叫尼阿，他传达了"木依吉"神的意思，教佤族拉了第一个木鼓。拉木鼓就是从尼阿开始传下来的。巴猜都是男性，每个村寨都有，在政治、文化生活以及宗教活动中有重要的影响。

珠米　明清以来，有一部分汉族进入阿佤山区开银矿、做生意，加上四周傣族的长期影响，促进了西盟佤族内部的逐渐分化演变，产生了一批在经济上较富有的"珠米"阶层。珠米在村寨中为数不多，但因在经济上较富有，因而在政治上处于比较重要的地位。

封建土司制　清同治十三年（1874 年），澜沧拉祜族宗教首领三佛祖朱阿霞率拉祜族和部分汉族千余人进入西盟，建立了政教合一的封建土司制。

二、西盟县教育基本情况

（一）佤族的传统教育①

佤族社会的传统教育，其主要教育途径和组织形式，即在共同劳动与生活中，由长辈进行口头教育和行动教育，从中学习生产生活经验与技能。佤族和其他在历史上没有文字的民族一样，世世代代采用言传身教的方式，对青少年进行生产劳动和生活知识的传统教育。这是由长辈向晚辈传授生活经验的低级形态的教育。佤族对于男孩，自幼就配给小刀、弩箭、火药枪，随父母下地犁田、耕地和狩猎；对于女孩则从小学做针线活、学纺织、学煮饭做菜、养鸡喂猪及栽种等农活。宗教、祭祀、集会、歌舞、日常交往礼节、恋爱婚姻等社会生活的知识，也多靠寨子长者结合乡规民约，言传身教。在口头传授中，更能发挥教育作用的是村寨长老、巴猜用本民族丰富的民间口头文学，例如寨史、神话、传说、歌谣、谚语、格言等，使青年一代学到生活基本知识，了解民族发展历史，增加对大自然的朴素认识，思想感情上潜移默化的影响极深。佤族头人子女的教育与一般成员对子女的教育相似，所不同的是被极力灌输"世世当头人"的天命观念。

佤族青少年的传统教育，主要是在父母的言传身教下，通过自己的实践，逐步获得生产知识和生活经验，并掌握本民族的风俗习惯和道德准则。佤族在新中国成立前的教育内容是与佤族奴隶社会的形成和封建领主制的社会形态掺和在一起的，是与佤族社会生产劳动、宗教信仰、道德习俗等社会生活紧密联系。教育的目的是民族的生存繁衍与社会的维持延续。对于广大人民群众来说，是把生产知识技能和社会关系知识代代相传下去，以适应自然斗争与社会生活的需要；对于头人则是组织社会生产，调节社会关系，培养自己的"接班人"，加强其世袭统治地位。总的来说，佤族传统教育的具体内容主要包括以下几个方面：

1. 生产劳动教育

新中国成立前，佤族聚集地区社会生产力极其低下，手工业、畜牧业、商业与农业都没有明显的社会分工，均从属于农业。农村的手工业者（如铁匠、篾匠等），农忙种地、农闲做工，工艺粗制，产品很少交换。畜牧业自家自户去养，"仅作送鬼神之用"。因此，生产知识都集中在旱稻、农作物种植和狩猎方面。因无文字记载，只能直接贮存在个体劳动者的经验和技能之中，并大量保存在民间口头文学和话语之中。因此，流传在佤族人民中间的关于生产劳动的歌谣、祝词、谚语、格言，比比皆是。歌谣和祝词押韵，谚语和格言凝练，易诵易记，是一种生动形象的口头文学教材。

2. 宗教教育

佤族信仰多神教的自然宗教，也信仰佛教与基督教，但仍然处在万物有灵的自然崇拜阶段。他们把自然界的万物加以神化，在各种神灵中形成最大的主宰一切的神灵，总称为

---

① 《西盟佤族自治县概况》编写组：《西盟佤族自治县概况》，北京：民族出版社，2008 年版，第 168～171 页。

"神鬼"。佤族对"鬼"与"神"及"祖先"不分开，是同一个概念。认为，"鬼"（巴猜）和"神"（阿亚）是创造万物的神灵，是世界的最高主宰者，不能触犯，只能顺应和崇拜。巴猜在主持大小宗教活动和做各种鬼活动时，就宣传在自然界里鬼神的"灵魂"无处不在。因此，在佤族心目中，日有日神，月有月神，山有山神，水有水神。这种原始多神教观念和各种宗教祭祀活动的代代相传，无疑是宗教教育的作用和结果。宗教教育的形成既来源于家庭成员的口头相传，又来源于主持宗教活动的巴猜的传授。

3. 婚俗教育

佤族男女青年在婚前和婚后都要学习长辈们良好的教育和社会道德风尚。佤族自由恋爱，实行一夫一妻制，对违反婚俗的行为处罚严厉。家庭不和、感情破裂，可以离婚。佤族长辈对男女青年的婚俗教育十分重视，男女青年在婚前、婚后都受到了长辈们良好的道德教育。

4. 艺术和体育教育

佤族能歌善舞，在逢年过节或举行重大宗教活动的大场地上人们边歌边舞。歌曲的含义、舞蹈的内容，多含人类起源、鬼神故事、祖先事迹、村寨历史、英雄故事与爱情传说。佤族人民在长期的社会生活中，创造了丰富多彩的民族文化艺术，其中，口头文学因其丰富多彩，风格独特而广为流传。此外，佤族织布、绣花的花纹图案以及衣饰等都较为精美，别具一格。在佤族群众中，村寨之间，常常自行或联合举行较大的民间体育竞赛活动，如摔跤、踢脚、踩高跷、拔腰、射弩、打枪、爬杆、丢包等等。

（二）新中国成立后的教育发展①

新中国成立后，经过60余年的发展，西盟教育事业在零的基础上取得了十分瞩目的成就。据2000年第五次人口普查统计，全县总人口中具有大学本科学历55人，大专学历553人，中专学历1 884人，高中学历1 790人，初中学历1 196人，小学文化3 099人。

1954—1964年，西盟教育处于极不稳定时期。1956—1957年，全县共有9所小学，教职工27名，在校学生481名。1958年8月，西盟境内发生武装暴乱，全县学生剧减，数量超过50%。1959—1960年恢复办学，全县共有小学26所（全日制8所，半日制18所）。

1991—2005年，是西盟教育健康、快速、稳步发展时期。2001年以来，西盟县新补充小学教师183人，学历合格183人，合格率100%；新补充初中教师285人，学历合格285人，合格率100%。并从2009年起全面开展以校长公选、教师聘任、绩效工资为主要内容的教育综合改革，激发了广大教师的工作积极性。全县现有专任教师981人。高中、初中、小学教师合格率分别为88.07%、100%和98.52%，全县有中小学校长64人，符合任职条件64人，合格率100%。2005年底，共有教职工1 045人，2005年，各级各类学校84所（小学74所，完全中学1所，初级中学1所，附设初中4所，职业中学1所，教师进修学校1所，幼儿园2所）。共有教学班级501个，在校生16 739人（其中高中、职高16个教学班631人；初中103个教学班4 933人；小学363个教学班10 708人；幼儿园〈学前班〉19个班467人）。2005年，全县共有校舍99 106平方米，其中中学校舍

---

① 《西盟佤族自治县概况》编写组：《西盟佤族自治县概况》，北京：民族出版社，2008年版，第171～173，183～184页。

21 762 平方米，生均占有校舍 4. 65 平方米；小学校舍 70 766 平方米，生均占有校舍 6. 61 平方米；幼儿园校舍 2 933 平方米，生均占有校舍 6. 28 平方米。全县校舍有危房面积 9 824 平方米，占校舍总面积的 10.5%。中小学藏书 148 905 册，其中普通中学藏书 38 204 册，生均 7. 72 册；小学藏书 110 701 册，生均 10. 34 册。全县 9 所乡以上完小和县民族小学配备小学 I 类常规教学仪器，村级完小配备小学 II 类常规教学仪器，初级小学和一师一校点配备教学教具箱；一中配备完中 I 类教学仪器，职中、二中、力所中学配备初中 I 类教学仪器，莫窝中学、新厂中学、翁嘎科中学配备初中 II 类教学仪器，配备远程教育设备 60 套，多媒体设备 4 套。

2005—2010 年，西盟教育得到了进一步飞越性发展。2005 年县教育系统共有教职工 1 045 人，其中：女教职工 538 人，硕士研究生 4 人，本科学历 74 人，专科学历 474 人，中专学历 406 人，高中学历 33 人，初中学历及以下 54 人；行政 10 人，事业干部 41 人，专业技术人员 943 人，事业工人 51 人（不含专业技术人员）；年龄结构：30 岁以下 329 人，30 至 45 岁 504 人，46 至 55 岁 183 人，56 岁以上 29 人。专业技术人员学科结构：语文 310 人，数学 288 人，化学 16 人，物理 32 人，英语 87 人，地理 16 人，历史 16 人，计算机 24 人，生物 16 人，政治 39 人，音乐 24 人，美术 21 人，体育 36 人，劳技 18 人。943 名专业技术人员中，中学教师 352 人，小学教师 554 人；其中高级职称 24 人，中级职称 222 人，初级职称 656 人，未定级人员 41 人。2010 年县教育系统共有教职工 1 118 人，其中硕士研究生 4 人，本科学历 190 人，专科学历 695 人，中专学历 162 人，高中学历 25 人，初中及以下学历 42 人；行政 11 人，事业干部 16 人，专业技术人员 1025 人，事业工人 77 人（不含专业技术人员）；年龄结构：30 岁以下 382 人，30 至 45 岁 493 人，46 至 55 岁 201 人，56 岁以上 42 人。专业技术人员学科结构：语文 325 人，数学 295 人，化学 20 人，物理 38 人，英语 93 人，地理 20 人，历史 20 人，计算机 29 人，生物 20 人，政治 42 人，音乐 28 人，美术 24 人，体育 39 人，劳技 32 人。1 025 名专业技术人员中，中学教师 386 人，小学教师 598 人；其中高级职称 44 人，中级职称 401 人，初级职称 534 人，未定级人员 46 人。

2010 年，全县有中小学、幼儿园 53 所（其中教师进修学校 1 所，完全中学 1 所，职业高级中学 1 所，初级中学 5 所，小学 40 所）。共有 449 个教学班级，在校生 15 595 人（其中高中、职高 34 个教学班 1 801 人；初中 100 个教学班 4 836 人；小学 266 个教学班 7 792 人）。

2010 年，全县有适龄儿童 7 567 人，已入学 7 533 人，入学率 99.55%；适龄少年 4 824 人，初中阶段在校学生 4 836 人，初中阶段毛入学率 100.25%。在校学生年辍学率：全县小学上学年初在校学生 8 230 人，学年内辍学 36 人，辍学率 0.44%；初中上学年初在校学生 4 888 人，学年内辍学 57 人，辍学率 1.17%。残疾儿童、少年入学率：全县有残疾儿童 71 人，已入学 61 人，入学率 85.92%。15、17 周岁人口初等、初级中等教育完成情况：全县有 15 周岁人口 1 663 人，文盲 0 人，完成初等教育 1 648 人，完成率 99.10%；有 17 周岁人口 1 724 人，完成初级中等教育 1 589 人，完成率 92.17%。青壮年非文盲率：全县有青壮年总人口 5 5517 人，非文盲人口 55 193 人，非文盲率 99.42%。

2010 全县小学占地面积 27.4 万平方米，生均 35.1 平方米，达标率 100%；初中占地面积 16.5 万平方米，生均 34.16 平方米，达标率 100%。全县小学有图书 13.88 万册，生均 17.85 册，图书配备合格率 100%；初中有图书 6.56 万册，生均 13.57 册，图书配备合格率 100%。中小学教学仪器配备率 100%。村级以上学校都配备了远程教育网点，全县共有多媒体教室 6 个，计算机教室 6 个。①

（三）双语语言教育②

所谓"双语"教学，是用汉文和本民族文字进行教学。1986 年开始实行"双语文"教学实验，授课教师大多是精通本民族语言的佤族、拉祜族和傣族教师。教学中他们先用汉语讲再结合本民族语言边讲边教。20 世纪 80 年代，曾尝试用民族文字扫盲，1986 年全县共开设小学民族教学班 48 个，学生 1 029 人。其中佤文班 34 个，学生 657 人；拉祜文班 12 个，学生 312 人；傣文班 2 个，学生 60 人。1987 年上学期末，教研室对全县民语班进行统测，佤文班实考 644 人，过关 220 人，拉祜文班实考 297 人，过关 142 人，傣文班实考 60 人，过关 59 人。但是，由于缺乏民族文字读物，民族文字适用性小，脱盲后返盲率高，群众不愿意用民族文字扫盲。于是 1990 年全面停止用本民族文字扫盲，但西盟县中小学仍然实行双语教学政策。

1983 年，西盟民族小学首先开设了"语言基础"课程。"语言基础"教材是根据创办民族小学后，招收的"三·三"制学生由于居住分散、交通闭塞，佤族、拉祜族、傣族学习期间存在着严重的语言障碍，学生之间、师生之间难以进行交流和沟通，严重影响了基础教育教学质量的提高的实际而编写的。其目的在于帮助少数民族学生过好汉语关，扫除语言障碍，从而提高少数民族学生语言交流和写作能力，提高教学质量。"语言基础"课每周安排 2 节，由精通汉文和本民族语言的教师担任。教师采取的教学方法是：

（1）对词语教学，先读汉文之后听取学生反映，如没听懂就用民族语言加以解释，进行分析对比，直到全班学生能理解汉语意思，在这样的前提下，再对词语进行适当的引申。

（2）对句子、片段的教学，也同样经过先读汉文，再用民族语解释对比的方法，从一句完整的话开始，过渡到几句话及一段话的会话和写作。按"语言基础"课教材的安排，四年级侧重口语训练，五年级侧重书面词语教学，六年级侧重写作能力培养。

1986 年，西盟县进行了"注音识字，提前读写"的小学语文教学改革。1986 年秋季在县小的 1 个班中进行了实验。实验的目的是：

（1）通过实验改变儿童先识字，后读文的教学方法，把小学低年级语文教学从认识字为重点转移到以发展语言为重点上，探索与儿童智力发展相适应的提高小学语文教学质量的新途径。

（2）通过实验发展儿童语言，培养和训练学生的思维能力，提高学生阅读和语言文字的表达能力。"注音识字，提前读写"的小学语文教学改革教材选用是十三省市编写的实验教材，分为阅读、读物、说话、写字四册。实验班教师由参加过省、地"注提"教师培训班学习的教师担任，实验班的学生从当年一年级适龄儿童中招收 38 人，其中佤族 20 人，占 52.6%；拉祜族 4 人，占 10.5%；汉族 7 人，占 18.4%；内地少数民族 7 人，占 18.4%。

---

① 根据西盟佤族自治县教育局资料科提供的资料整理而成。

② 同上。

截至 2010 年，西盟县开展双语教学的小学共有 8 所，均为村级小学，在校学生 423 人，分布年级 1 至 3 年级，教学模式为民语辅助教学，方式也只是先用汉语讲再结合本民族语言边讲边教，起到用民族语言解释的作用，所使用教材均为汉语版教材。

目前，西盟县小学、中学和高中均使用汉语课程教学，开设使用教材、教学内容、教辅材料、周课时计划均与国家课程标准相符合。开设的汉语授课学科种类有：小学（语文、数学、品德、劳技、音乐、体育、美术）；中学（语文、数学、思想品德、物理、化学、生物、历史、地理、美术、音乐、体育、信息）。

普通话是教师的职业语言，是学校的校园语言。推广和普及普通话是语言文字工作的一项重要任务。学校是推普的主阵地，培养师生掌握规范的语言是素质教育的一个方面。2007 年 5 月组织了 54 位本地民族教师参加普通话水平等级测评，这些教师由于受本地音影响较大，仅有 11 位教师达二级以上标准，达标率仅为 20.4%。长期以来，为培养师生良好的普通话素质，西盟县各学校已把推普工作纳入日常的教育教学之中，使其成为教学工作的有机组成部分。为了进一步搞好推普工作，促进推广普通话和语言文字规范化工作向纵深发展，全县结合每年"推普周"活动，开展了一系列丰富多彩的活动，增强师生运用普通话的意识。如：结合宣传主题出推广普通话黑板报，开展推广普通话周主题班会；利用晨会、升国旗仪式的机会向学生宣传"说普通话写规范字"重要性，倡导全体学生积极响应、认真落实；悬挂宣传标语、举行座谈会、文艺演出、知识竞赛、语言基本功大赛、普通话大赛等，切实提高教师用字用语规范化能力。

第三节　沧源县佤族概况

一、沧源县基本情况①

（一）自然环境

沧源佤族自治县位于云贵高原西南端，中缅边界中段，介于东经 98°52′~99°43′，北纬 23°04′~23°40′，北与耿马、双江两县隔岸相望，东面与普洱市澜沧县相连，西南面与缅甸接壤，县政府所在地距市政府驻地 867 公里。全县南北纵距 47 公里，东西横跨 86 公里，国土面积 2 445 平方公里，国境线长 147.08 公里。

沧源地处腾冲耿马地震带中段，受澜沧江断裂带、南汀河断裂带、木嘎断裂带、澜沧勐遮断裂带的影响，由多块碎小板块组成，地质复杂，石炭系、二迭系的石灰岩、喀斯特地貌遍布全境。

沧源地处低纬度，北回归线从县境北部穿过，受印度洋暖湿气流和西伯利亚干冷气流的影响，气候温和，四季划分不明显，干湿分明，降雨量充沛，日照充足，形成立体性气候。因地形、海拔的不同，气温呈垂直立体分布。年、月平均气温差异较大，相同的海拔地段也因降水量、植被覆盖率、向阳或背阳、山地谷盆等因素而呈现不同的气温。一般西部深切河谷和低海拔地带气温高于其他地区，境内山间谷盆地带的气温高于东、北部。低

---

① 《沧源佤族自治县概况》编写组：《沧源佤族自治县概况》，北京：民族出版社，2008 年版，第 1~2 页，9~10 页，33~38 页，56~60 页，78~81 页。

热河谷气温较高、夏季炎热。高山地带冬季呈现冰霜。随海拔的升高气温逐渐降低，常年平均气温16.6℃~17.9℃，年平均气温17.4℃，月均最高气温一般为20℃~26℃，月均气温多在10℃以上。受海洋气候影响明显，主要受西南季风和东南季风的影响，水气来源充足，西部和南部降水较丰富。沧源属热带、亚热带气候，植被生长茂密，再因地形复杂、海拔差异大及立体性气候因素，造成境内植被垂直分布较明显。

沧源河流分属澜沧江和怒江两大水系。以窝坎大山延伸至格拉格笼山为分水岭，境内大小河流（包括支流）共84条，东南为澜沧江水系，西北为怒江水系。勐董河属澜沧江水系，发源于中缅边界羊柏垭口，流经勐董、勐甘、勐角、勐来，全长35.7公里，入落水洞潜流7公里，形成地下暗河，与挡帕河交汇，再流至勐省坝与拉勐河汇合流入小黑江，主干河长约46公里，总径流面积455.65平方公里。拉勐河发源于安墩山的刀里，属澜沧江水系，流经勐省坝与贺勐河相汇注入小黑河，主干河长38公里，径流面积410.2平方公里。南滚河属怒江水系，源于岗诺木若山、岗荣先山等地，向北至勐董、勐角、班洪3个乡镇交接处称芒库河，后向西南与南板河汇合复称南滚河，经班老歹笼出境，主河干长48.45公里，径流面积530.06平方公里。小黑河属怒江水系，源于窝坎大山，流至那底称小黑河，呈偏向北，后与南柯河相汇折向西北，再与南令河相汇出境流入南汀河，主干河长约100公里。

（二）人口、民族与行政区划

据统计，2005年全县总人口168 938人，少数民族人口153 678人，占全县总人口的90.96%。其中佤族人口138 268人，占全县总人口的81.81%；汉族人口15 260人，占全县总人口的9.03%；傣族人口8 661，占全县总人口的5.12%；拉祜族人口3 753人，占全县总人口的2.22%；彝族人口1 576人，占全县总人口的0.93%。

新中国第一次人口普查时，由于沧源与缅甸接壤地界尚属未定界地段，因此未开展人口普查工作。据1964年全国第二次人口普查，全县佤族人口为70 398人，占全县总人口的84.74%；傣族人口为3 770人，占全县总人口的4.54%；拉祜族人口2 219人，占全县总人口的2.67%；彝族人口686人，占全县总人口的0.83%。据1982年全国第三次人口普查，全县佤族人口为104 766人，占全县总人口的84.35%；傣族人口为5 544人，占全县总人口的4.46%；拉祜族人口2 942人，占全县总人口的2.37%；彝族人口1 095人，占全县总人口的0.88%。据1990年全国第四次人口普查，全县佤族人口为124 861人，占全县总人口的83.8%；傣族人口为6 456人，占全县总人口的4.43%；拉祜族人口3 468人，占全县总人口的2.33%；彝族人口1 374人，占全县总人口的0.92%。据2000年全国第五次人口普查，全县佤族人口为134 767人，占全县总人口的81.1%；傣族人口为7 243人，占全县总人口的4.4%；拉祜族人口3 692人，占全县总人口的2.24%；彝族人口1 692人，占全县总人口的1.03%。

沧源佤族源于夏商时期的"濮人"、"哀牢人"、"望蛮"、"哈喇"、"佧佤"、"佤族"等。但是，从古至今佤族大都自称"布饶"，布与濮在佤语意中属同义词，专指"人"或"什么人"，"布饶"即山地人之意。沧源佤族的历史源远流长，早在新石器晚期，距今三千多年以前，在勐董河、勐省河等流域就创造出了辉煌的历史文明——"壤布典姆"，即古崖壁画。佤族因来自不同的区域，所以自称也有略异，大多自称"布饶"，部分地区自称"西佤"和"本人"。"布饶"指山地人，"西佤"指把守大门的人，"本人"指本地人。1949 年，全县佤族人口约 5 万人。

沧源，古时称阿佤山，班洪、班老等西北地区称葫芦王地。沧源县之名始于中华民国二十三年（1934 年），由澜沧县第八区析置"沧源设治局"，"沧源"一词，源于澜沧之意。

汉代、三国至东晋时期隶属哀牢地永昌郡；南北朝时期隶属宁州；唐代南诏时期为银生节度地；宋代大理隶属裸黑部地；元代，东、南、北部隶属木连路军民总管府，中、西部隶属孟连路军民总管府；明代，分属孟连长官司和耿马宣抚司；清光绪十四年（1888 年）隶属永昌府镇边厅；中华民国时期隶属迤南道，1913 年镇边厅改称澜沧县，沧源隶属澜沧县第八区，1936 年从澜沧县析置沧源设治局。1949 年 5 月，民主革命时期过渡性人民政府——沧源县临时人民政府在岩帅成立，沿袭了中华民国时期的行政建制。

2005 年，全县辖岩帅、勐省、芒卡、勐董 4 镇，班洪、勐角、班老、勐来、糯良、单甲、团结 7 个乡，90 个村民委员会，3 个居民委员会，804 个村民小组，1 个国营农场，1 个国家级自然保护区。

（三）民族区域自治

1. 沧源佤族自治县的成立

为了贯彻执行《中华人民共和国民族区域自治纲要》，以及中共中央关于切实认真地普遍推行民族区域自治的规定，沧源县加强团结，稳定民族上层，联系发动群众，耐心培养民族干部，积极领导发展生产，逐步改善人民生活，积极推行民族区域自治政策。1956 年 3 月至 1957 年初，沧源县进行政治协商会议的筹建工作，通过召集民族上层人士学习政协的性质、任务、意义，开展民族政策的再教育，使其解除顾虑，明确政协是政治协商机构，是党联系群众的桥梁。1957 年 5 月召开了中国人民政治协商会议沧源县第一届委员会第一次会议，选举产生了沧源县人民政协第一届常委主席、副主席、秘书长，5 月 10 日，中国人民政治协商会议沧源县委员会正式宣布成立。

通过贯彻落实党对边疆民族工作的方针政策，妥善安置了民族上层人士，改善了民族关系，缓和了阶级矛盾，沧源的政治、经济、文化出现了初步繁荣的景象。1957 年 7 月 26 日，中共云南省委向中共中央呈递了《关于建立沧源佤族自治县的请示报告》；8 月 22 日，中共临沧地委转批中央同意云南省委《关于建立沧源佤族自治县的请示报告》。11 月 21 日，中共临沧地委拟定了《关于建立沧源佤族自治县的方案》，12 月，临沧专署向云南省委提交了建立沧源佤族自治县的方案。1958 年 12 月 21 日，云南省人民委员会转发国务院批准设立沧源佤族自治县的决定。为了筹备建立自治县，1961 年 1 月，沧源县委发出了《关于立即开展宣传成立自治县和切实做好基层普选工作的通知》，并印发了成立自治县的宣传提纲。1961 年 10 月，根据西南局关于"革命秩序已经建立，各族人民群体对实行区域自治已有相当程度的自觉和自愿，已有相当数量的代表人物，已有相当数目的民族干部"的区域资质条件，沧源县委报经国务院批准，成立了沧源佤族自治县筹备委员会，由 40 名各族各界代表组成。

在党和国家的大力帮助下，在全县各族人民的共同努力下，经过一系列的筹备工作，沧源佤族自治县第一届人民代表大会第一次会议于 1964 年 2 月 20～27 日在县城所在地勐董镇胜利召开。1964 年 2 月 28 日，沧源佤族自治县正式成立，标志着沧源民族民主建政进入新的历史阶段，沧源人民从此享有了自主管理本地区事务的权力，开始全面实行民族区域自治制度。

2. 民族关系

明末清初以前，沧源境内的居民全为佤族。明洪武十二年（1380 年）后，傣族的先民从勐卯（现德宏瑞丽）迁入县境。清顺治十五年（1659 年）以后，相继有汉族、拉祜族、傈僳族、回族、彝族等民族迁入，逐步形成了以血缘部落为核心的部落制社会，进而出现了两极社会分化。

新中国建立后，通过党和政府的大量工作，本着"团结、稳定、生产"的指导思想，认真贯彻落实党的民族政策，各民族逐渐消除了隔阂，团结互助，发展生产，出现了民族关系和谐的局面。尤其是党的十一届三中全会以来，党和政府拨乱反正，认真贯彻执行民族政策，倡导民族不分大小、强弱，共同拥有平等的权利，不断加大对边疆少数民族地区扶持力度，改善各族人民的生产生活环境，呈现出社会稳定，边防巩固，民族关系和谐发展的景象。

自治县成立四十多年来，历届县委、县政府十分重视民族关系的发展，本着团结、稳定、发展的指导思想，采取一系列措施，扶持少数民族生产生活，积极培养少数民族知识分子和专业技术人才，充分发挥地域优势，推动少数民族经济社会的发展。改革开放以来，民族工作显得尤为重要，稳定与发展成为社会经济建设的两大主题，一切措施都从边疆民族地区的实际出发，因势利导地巩固和发展民族关系，创建健康和谐的社会环境，以求和谐中共存，和谐中发展。

二、沧源县教育基本情况

（一）佤族的传统教育①

沧源的传统教育源于宗教教育。岩帅大寨的佤族、班色寨的拉祜族信仰汉传佛教；贺南、团结、永和一带的佤族信仰基督教；勐董、勐角、勐来、班老、班洪一带的傣族、佤族、拉祜族信仰南传上座部佛教。佛教的长老、佛爷，基督教的牧师用少数民族文字译成的经书进行宗教教育，传播宗教文化。

据有关史料记载，明末清初，傣族先民开始在勐董兴办佛教寺院，让儿童学傣文读经书。清宣统二年（1910 年），永昌、顺宁、普洱暨镇边直隶厅学务总理李曰垓督办岩帅（班坝）、勐角董土民简易识字学塾，并贯彻清廷"忠君、尊孔、尚公、尚武、尚实"的教育宗旨，掀开了沧源境内汉字（现代）教育的历史。

中华民国十四年（1925 年），王应春（汉族）创办湖广小学。民国二十三年（1934年），南腊湖广寨爆发了震惊中外的"班洪事件"，以佤族为首的全县各族人民的爱国热情促使国民政府重视教育，云南省教育厅于民国二十五年（1936 年）5 月任命彭述先（缅宁人）为校长，以勐董广允佛寺为校址，创办沧源省立小学。民国三十三年（1944年）开办班洪小学后，因日军入侵阿佤山地而被迫停办。民国三十六年（1947 年）沧源设治局经过多方敦促，开办了永源（东勐）及拱弄保国民中心小学。中华民国时期，尽管地方政府和有识之士为启发民智、巩固国防，在沧源境内兴办学校，开展教育工作，推行国民政府的"民族、民权、民生"三民主义教育宗旨，但终因时局不稳、战事繁多，

---

① 《沧源佤族自治县概况》编写组：《沧源佤族自治县概况》，北京：民族出版社，2008 年版，第210~211 页。

社会生产落后，人民生活贫困等多种原因，办学不能正常进行。民国三十八年（1949年），沧源县先后创办的 10 所初级小学均全部停办。

（二）新中国成立后的教育发展

新中国建立以后，党和政府高度重视民族教育，加强学校基础设施建设，引进教师，完善教育机构，建立管理制度，使学校教育逐步走上发展轨道。

1996 年，全县进行教育管理体制改革，成立了 11 个乡镇教委，由分管教育的副乡（镇）长任主任，设立专职副主任 11 名、教研员 11 名、扫盲干事 11 名，成为教育局的派出机构，负责管理各乡镇的教育教学工作。全县开始实施普及六年义务教育和扫除青壮年文盲工作。1999 年底，全县基本普及六年义务教育，2000 年底，基本实现了扫除青壮年文盲的目标。

2001 年，勐董镇和勐省镇率先实现普及九年义务教育目标和普及实验教学目标，之后岩帅镇、勐角乡、芒卡镇、班老乡、班洪乡又先后实现了普及九年义务教育目标和普及实验教学目标，全县"普九"人口覆盖率达到 68.17%、"普九"乡镇达到 63.64%，人均受教育年限达到 4.1 年。2004 年全县已形成幼儿教育—小学教育—初中教育—高中教育—职业教育—成人教育为一体的比较完善的现代教育体系，共有各级各类学校 276 所。[1]

全县有义务教育阶段学校 145 所，其中初级中学 10 所、九年一贯制 1 所、县直小学 2 所、乡（镇）中心完小 10 所、村级完小 36 所、村级小学 51 所、教学点 35 个；在校学生 23 810 人，其中小学 15 867 人，初中 7 943 人；寄宿生 11 763 人，其中小学 5 514 人，初中 6 249 人；小学适龄儿童毛入学率 99.13%，巩固率 99.17%；初中毛入学率 98.18%，巩固率 98.1%；有专任教师 1 697 人，其中小学 1 215 人，初中 482 人；专任教师学历达标率小学、初中分别为 99.42%、99.79%。按小学 400 元/生/年、初中 600 元/生/年的公用经费补助标准，义务教育阶段已实现全覆盖；按小学 90 元/生/年、初中 180 元/生/年的补助标准，学生享受国家免费提供教科书的覆盖面积达 100%；按小学 750 元/生/年、初中 1 000 元/生/年的寄宿生生活费补助标准，近 80% 的寄宿生享受补助；按小学 500 元/生/年、初中 750 元/生/年的边境县农村学生生活费扩面补助标准，未享受寄宿生生活费补助的学生中已有近 80% 的学生享受补助。

沧源现有高完中 1 所，普高在校生 1 367 人，其中寄宿生 1 041 人；高中阶段毛入学率 31.7%，全县人均教育年限达 5.2 年；有专任教师 77 人，学历合格率 77.92%。按 300 元/生/年的省定民族中学高中住校生生活费补助标准和一等 2 000 元/生/年、二等 1 000 元/生/年的普通高中国家助学金补助标准，约 40% 的学生享受补助。

沧源县各级各类学校 2010 年共有教师职工 2 137 人，其中专任教师 1 876 人，具体情况如下：幼儿园教职工 78 人，小学教职工 1 328 人，初中教职工 585 人，普通高中教职工 146 人；专任教师中 25 岁以下 247 人，26 至 35 岁 833 人，36 至 45 岁 469 人，46 至 55 岁 306 人，56 岁以上 21 人；专任教师中本科学历 373 人，专科学历 1 228 人，中专学历 248 人，高中以下学历 27 人；幼儿园专任教师达标率 100%，小学专任教师达标率

---

① 《沧源佤族自治县概况》编写组：《沧源佤族自治县概况》，北京：民族出版社，2008 年版，第 211～212 页。

97.78%，初中专任教师达标率 98.76%，普高专任教师达标率 83.9%。专任教师中共有佤族 914 人，占专任教师总数的 48.72%，少数民族学校 2 所（初中 1 所、小学 1 所），占全县学校比例的 1.33%。

少数民族学校共有教职工 106 人（初中 65 人、小学 41 人），其中专任教师 80 人（初中 50 人、小学 30 人），专任教师中 25 岁以下 12 人（均为初中教师），26 至 35 岁 19 人（小学 5 人、初中 14 人），36 至 45 岁 31 人（小学 14 人、初中 17 人），46 至 55 岁 17 人（小学 8 人、初中 9 人），56 岁以上 1 人（为小学教师）；专任教师中本科学历 24 人（小学 1 人、初中 23 人），专科学历 47 人（小学 20 人、初中 27 人），中专学历 9 人（均为小学教师），小学专任教师达标率 100%，初中专任教师达标率 100%。

2007 年至 2009 年，全县地方财政经常性收入分别为 3 656 万元、4 369 万元、4 059 万元，分别比上一年度增长 25.3%、19.5%、-7.1%。三年预算内教育拨款为 7 925 万元、10 039 万元和 18 791 万元，分别比上一年度增长 26.8%、26.7%、87.2%；三年预算内教育拨款增长比例均高于地方财政经常性收入增长比例。2007 年至 2009 年，小学教育事业费分别为 4 252 万元、4 135 万元、6 010 万元，生均分别为 2 267.49 元、2 418.60 元、3 657.24 元；初中教育事业费分别为 1 616 万元、2 142 万元、2 605 万元，生均分别为 2 134.49 元、2704.58 元、3 605.23 元。2007 至 2009 年，小学公用经费分别为 256 万元、516 万元、661 万元，生均分别为 136.71 元、301.58 元、402.25 元；初中公用经费分别为 194 万元、428 万元、470 万元，生均分别为 256.01 元、539.94 元、650 元。2007 至 2009 年，全县应征城市教育附加费分别为 197 万元、162 万元、118 万元，实际征收分别为 197 万元、162 万元、118 万元，拨付教育分别为 162 万元、197 万元、130 万元，三年共征收 477 万元，征收率达 100%，拨付教育 489 万元，超额拨付教育。

2007 至 2009 年，全县农村税费改革转移支付资金分别为 1 584 万元、1 585 万元、1 585 万元，其中用于义务教育的转移支付资金分别为 500 万元、550 万元、600 万元，占财政转移支付资金比例分别为 31.57%、34.70%、37.85%。2009 年社会捐集资义务教育经费达 367 万元；2009 年小学勤工俭学收入 48.5 万元，中学勤工俭学收入达 23.7 万元。[①]

（三）双语教育

1956 年，文教科要求教师学习少数民族语言，两年内用少数民族语言教学；担任三年级以上课程的教师，除用普通话进行教学外，还要用少数民族语言辅助教学。1957 年，根据新佤文方案，学校开始试行双语文教学。1963 年 9 月，县政府确定岩帅、安海、南撒小学为佤文实验学校，勐董完小为傣文教学试点。实验步骤为一年级学习民族文字兼学汉语会话，二年级学汉语语文课本第一册，兼学民族文字及汉语会话；三、四年级用 70% 的语文课时学汉语，用 30% 的语文课时学佤语文；五、六年级以学汉语文为主，每周用 2~3 课时兼学民族语文。教学要求：全日制小学，初小毕业基本掌握民族文字，认识汉字 1 100 个，高小毕业识汉字 2 000 个。半日制小学，初小毕业基本掌握民族文字，认识汉字 900 个，高小毕业识汉字 1 500 个。算术按教学大纲要求。"文化大革命"期间，取消了用民族文字教学的方法。

---

① 根据沧源佤族自治县教育局提供的资料整理而成。

　　1980 年，沧源县恢复实验双语教学，具体形式大体分为三类：沧源佤族自治县民族小学，在五、六年级授佤文课；团结完小在三至六年级授佤文课；贺南完小在一至六年级授佤文课。双语教材有三种，一是陈相木、王敬骝、肖玉芬编的佤文识字课本；二是文教局王有有翻译的小学语文课本；三是贺南完小教师王志编的小学佤文课本。1984 年，沧源县民族小学总结佤文教学经验，全班学生佤文考核平均分为 67.3 分，达到脱盲标准的学生 67 人。在升学考试时，汉语拼音部分的平均分占全县各完小的第一。之后文教局决定，在 24 所小学中开设佤文课。1987 年，团结完小幼儿教师鲍光荣进行佤文实验，由文教局教研室考核，全班 47 个幼儿的佤语文平均分为 75.5 分，及格率 82.9%，其中 26 人能拼写佤文，5 人能读佤文课外读物，最差的也能读佤文声、韵母。1989 年 8 月，贺南完小首届双语文七年制实验班毕业生，参加云南省半寄宿制高小班统考，在全县 16 个班中，成绩名列前茅。①

　　2009 年，沧源县教育局负责实施小学双语教学。通过双语教学，教育教学质量明显提高，取得了一定的成绩，学生成绩较上一年提高了 2~4 个百分点。全县拥有小学校 107 所 18 753 人，其中完全小学 58 所 9 512 人，初小 49 所 6 488 人，另有小学教学点 127 个 2 753 人，幼儿园 3 所 2 130 人，其中，学前班 710 人，幼儿园入园率 83.3%。在全县的小学生中，一年级 3 113 人，二年级 3 119 人，三年级 3 168 人，四年级 3 110 人，五年级 3 116 人，六年级 3 117 人，少数民族学生占学生总数的 91.61%。全县小学教师 1 213 人，其中，双语教师 30 人（双语单文教师 2 人，双语双文教师 28 人），中专 12 人，大专 18 人。其他教师 1 183 人，中专 876 人，大专 250 人，本科 57 人。双语单文教师占全县小学教师的 0.16%，双语双文教师占全县小学教师的 2.3%。沧源县教研室现有在职在编教师 20 人，在岗 9 人，其中，在岗教师男 5 人，女 4 人；主任 1 人，副主任 2 人；中学教研组 5 人，小学教研组 4 人；本科学历 3 人，专科学历 5 人，中专学历 1 人；中学高级教师 6 人，小学高级教师 3 人，其中，少数民族双语教研员属于兼职教研员。沧源县的双语语言教育在过去的 50 多年中发展迅速，取得了显著的成效，为佤族地区培养了大批人才，有力地促进了社会、经济、文化建设的发展。②

---

　　①　沧源佤族自治县地方志编撰委员会：《沧源佤族自治县志》，昆明：云南民族出版社，1997 年版，第 725 页。

　　②　根据沧源佤族自治县教育局提供的资料整理而成。

第四章　研究方法

第一节　抽　样

本研究采用代表性抽样的方法，抽取了云南省 2 个佤族自治县 3 所中学的 437 名高中、初中学生。样本学校包括西盟佤族自治县的 2 所中学和沧源佤族自治县的 1 所中学。抽样依据为佤族是云南独有的民族，人口总数 39.18 万，仅占全省总人口的 0.8%，少数民族人口的 2.76%（2011 年），在人口较少民族中具有一定的代表性。施测时实际发放问卷 450 份，回收有效问卷 437 份，有效率 97.11%。受试样本基本情况见表 4.1、4.2。

表4.1　受试者性别、年级家庭背景分析

	性别		年级		家庭背景			
	男	女	高中	初中	城市	乡镇	少数民族聚集区	汉族与少数民族杂居区
人数	206	231	222	215	88	298	35	15
%	41.7	52.9	50.8	49.2	20.1	68.19	8.0	3.4

（已删除各观察值的缺失项，下表同）

表4.2　受试者所在学校、上学年龄、英语水平分布

	所在学校			上学年龄				本学期期中学习成绩			
	西盟县某中学	西盟县某乡中学	沧源县某民族中学	6 岁或以下	7 岁	8 岁	9 岁或以上	60 分以下	60~79	80~99	100~120
人数	175	37	225	247	145	33	12	194	155	75	13
%	40.0	8.5	51.5	56.5	33.2	7.6	2.7	44.4	35.5	17.2	3.0

第二节　测量工具的编制与预测

本研究采用问卷法。工具主要参照了原一川的少数民族学生英语学习调查问卷以及国内外其他学者的量表，自行编制"少数民族民族语言学习与民族认同调查问卷"。采用了从"很不同意"到"很同意"的李克特五级量表形式（附录 1）。问卷主体包括四部分：

学习态度与动机问卷、自主学习问卷、学习策略问卷、民族认同问卷。最终问卷整体信度（Cronbach's Alpha）达到 0.954。

第一部分学习态度与动机问卷拟测量学生"为什么学习英语"的态度和动机及其强度，通过问卷数据处理和分析得出了少数民族学生学习英语的态度和动因，并与以前国内外学者针对非少数民族学生英语学习态度和动机的研究结果进行比较研究。

第二、三部分自主学习问卷和学习策略问卷针对少数民族学生的学习方法进行了测度，就"你能否主动地学习英语"及"你如何学习英语"等问题进行了调查，并将结果与性别、年级等变量进行交叉分析。

第四部分民族认同问卷主要测度少数民族学生的民族认同感和归属感，包括对本民族的认同和对中华民族的认同，并细化为"归属感"、"文化认同"、"社会认同"等三个认同维度。

第三节　数据分析

数据分析采用 SPSS（18.0）软件，对数据进行了均值分析、相关性分析、线性回归分析和单元方差分析，目的在于探索佤族学生英语学习的态度、动机、策略、民族认同等因素与英语水平之间的关系。数据分析主要包括以下部分：

（1）对问卷进行因子分析，以归纳佤族学生英语学习态度和动机的分类、自主学习的主动性和积极性、学习策略的类型及民族认同的维度等。

（2）采用相关分析的方法，考察佤族学生英语学习的影响因素，包括动机、态度、策略、民族认同等方面。

（3）利用多元方差分析佤族学生民族认同的三大维度，包括民族归属感、文化认同和社会认同。

第五章　问卷结构分析

第一节　信度检验

问卷包括六个部分，其中第一部分包括 12 个有关学生基本情况的问题，第二部分包括 36 个有关学习动机的题目；第三部分包括 30 个有关自主学习的题目；第四部分包括 36 个有关学习策略的题目；第五部分包括 29 个有关民族认同的题目；第六部分包括 35 个有关国家认同的题目。其中主体内容是第二至第六部分，一般说来，α 系数值达到 0.6 以上就可接受，α 系数值介于 0.70 ~ 0.80 之间，表示比较好，α 系数值介于 0.80 ~ 0.90 之间，表示很好，α 系数介于 0.90 ~ 1.00 之间，表示非常好。由表 5.1 可见，此问卷的信度是很可观的。

表 5.1　问卷信度检验

问卷量表	受试者人数 （N of Cases）	题项数目 （N of Items）	信度系数 （Reliability Coefficients）
学习动机	437	36	Alpha = .9022（Cronbach α）
自主学习	437	30	Alpha = .9501（Cronbach α）
学习策略	437	36	Alpha = .9560（Cronbach α）
民族认同	437	29	Alpha = .7620（Cronbach α）
国家认同	437	35	Alpha = .6897（Cronbach α）
总问卷	437	166	Alpha = .9554（Cronbach α）

第二节　问卷因子分析

一、学习动机问卷的因子分析

（一）确定问卷是否适于因子分析

确定是否可以作因子分析，主要有两种办法，一是巴特利特球形检验（Bartlett Test of Sphericity），另外一个是 KMO 检验。其中，巴特利特球形检验是以变量的相关系数矩阵为出发点，它的零假设相关系数矩阵是一个单位矩阵。如果巴特利特球形检验的统计数值较大（P＜0.05），且相应的伴随概率小于用户给定的显著性水平，那么拒绝零假设，可以作因子分析；反之，则不能拒绝零假设，认为相关系数可能是单位阵，不宜作因子分析。KMO检验的取值范围是在0和1之间，其值越大，因子分析的效果越好。KMO适合作因子分析的标准：KMO＞0.9，非常适合；0.8＜KMO＜0.9，适合；0.7＜KMO＜0.8，一般；0.6＜KMO＜0.7，不太适合；KMO＜0.5，不适合。

表5.2　**KMO and Bartlett's Test**

Kaiser – Meyer – Olkin Measure of Sampling Adequacy.		.906
Bartlett's Test of Sphericity	Approx. Chi – Square	5289.598
	df	630
	Sig.	.000

如表5.2所示，巴特利特球形检验的伴随概率为.000，小于.01，拒绝零假设，可以作因子分析；KMO的值为.953＞.9，偏相关性很弱，非常适合作因子分析。

（二）因子提取

采用的是主成分分析（Principal Components Analysis），提取公共因素（Common Factor），求得初始因素分和矩阵，然后使用平均正交旋转法（Equamax）对问卷进行结构分析。在观察碎石图的基础上，确定因子的个数，考虑因子的个数在2到7之间。图5.1是学习动机问卷的碎石图（Scree Plot），横轴为因子（主成分）数目，横轴为特征值。

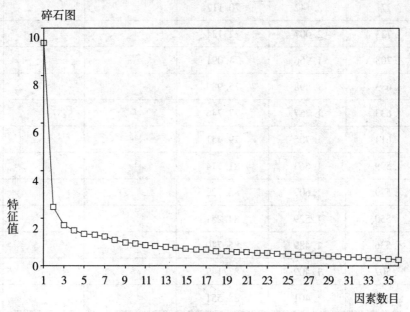

图5.1 学习动机问卷分析碎石图

表 5.3　总变异量（Total Variance Explained）

成分	初始特征值			转轴平方和负荷		
	总和	变异数%	累积 %	总和	变异数%	累积 %
1	9.364	26.012	26.012	4.112	11.421	11.421
2	2.484	6.899	32.912	3.895	10.819	22.240
3	1.703	4.732	37.643	2.514	6.982	29.222
4	1.483	4.120	41.763	2.469	6.858	36.080
5	1.345	3.736	45.499	2.046	5.682	41.762
6	1.313	3.648	49.147	1.968	5.466	47.229
7	1.241	3.448	52.595	1.512	4.199	51.428
8	1.075	2.986	55.582	1.495	4.154	55.582
9	.974	2.706	58.288			
10	.955	2.653	60.941			
11	.880	2.445	63.386			
12	.851	2.365	65.750			
13	.801	2.225	67.976			
14	.771	2.142	70.117			
15	.723	2.007	72.124			
16	.708	1.966	74.091			
17	.683	1.898	75.989			
18	.633	1.757	77.746			
19	.614	1.705	79.451			
20	.599	1.663	81.114			
21	.579	1.609	82.722			
22	.550	1.529	84.251			
23	.536	1.489	85.740			
24	.507	1.409	87.149			
25	.504	1.401	88.551			
26	.477	1.324	89.875			
27	.439	1.219	91.094			
28	.435	1.209	92.302			

续 表

成分	初始特征值			转轴平方和负荷		
	总和	变异数%	累积 %	总和	变异数%	累积 %
29	.408	1.133	93.435			
30	.392	1.090	94.525			
31	.376	1.044	95.569			
32	.358	.995	96.565			
33	.345	.958	97.523			
34	.331	.921	98.443			
35	.288	.801	99.244			
36	.272	.756	100.000			

Extraction Method: Principal Component Analysis.

一个因素若能越大程度地解释变量的方差，说明因素包含所有变量信息的数量越多。从表 5.3 可见，特征值大于 1 的因子/主成分有 8 个，其对总方差的累计贡献率为 55.582%。第一个主成分的特征值为 9.364 >1，它解释了总变异的 26.012%，第一个主成分的特征值为 2.484 >1，它解释了总变异的 6.899%，后面的第三、四、五、六、七、八个主成分的特征值均大于 1，而其他特征值皆小于 1，这说明该主成分的解析力度还不如原变量大。同时，图 5.1 的碎石图表明，从第六个主成分的特征值渐趋减小，考虑到研究的代表性以及本研究的前期假设，因此，表 5.3 中的 36 个变量萃取 5 个主成分是比较合适的。

表 5.4 转轴后的成分矩阵

项目		成分							
		1	2	3	4	5	6	7	8
M1	我学习英语，是为了更好地学习其他专业	.644							
M2	学习英语可能对我重要，因为有利于今后找理想的工作	.625							
M3	学习英语对我重要，因为会使我成为更加博学的人	.625							
M4	学习英语对我重要，因为将使我能够更加自由的参加讲英语国家文化群体的活动	.558							

续 表

项目		成分							
		1	2	3	4	5	6	7	8
M5	学习英语对我重要，因为帮助我更好地理解和欣赏英语国家的艺术和文学	.539							
M6	学习英语对我重要，因为更利于我交朋友	.513							
M7	我学习英语是为了让世界了解我国	.436							
M8	如果懂一门外语，别人将更加尊重我		.596						
M9	学习英语对我重要，因为将使我能够像讲英语国家的人那样去思维和表现		.564						
M10	学好英语，我才能很好地为我国的富强尽力		.522						
M11	我学习英语是为了更好地了解世界各国		.474						
M12	讲一口流利的英语，是教育程度和修养的象征		.462						
M13	学好英语对我很重要，因为它是当今社会非常有用的交流工具		.453						
M14	学习英语对我重要，能让我获得成就感		.446						
M15	我学习英语是为了出国寻找更好的受教育和工作机会		.414						
M16	我的英语老师教学生动有趣，富于启发			.813					
M17	英语课外活动丰富多彩			.761					
M18	我非常喜欢我的英语老师			.734					
M19	教材内容富于吸引力			.485					

续　表

项目		成分							
		1	2	3	4	5	6	7	8
M20	从内心讲,我对现在的英语学习很有兴趣				.776				
M21	我要使我的英语成绩超过其他同学				.709				
M22	对学好英语我充满信心				.666				
M23	我的老师的确鼓励我学习英语					.730			
M24	我父母的确鼓励我学习英语					.650			
M25	如果我的英语学习有问题,父母会催促我向老师求助					.506			
M26	我学习英语是为了最终移民外国						.725		
M27	我的英语成绩好						.664		
M28	我对英语一见钟情,说不出有什么特别的原因						.513		
M29	我学习英语是为了出国亲身体验讲英语国家的文化						.468		
M30	学习英语重要,仅仅因为是升学考试的必考科目							−.738	
M31	我真的喜欢学英语							.488	
M32	我相信我会学好英语这门课							.425	
M33	英语课是我欣赏的挑战							.392	
M34	学习英语的最主要目的是为考大学								.696
M35	我父母认为,我应该投入更多时间学习英语								.567
M36	我的老师强调毕业后英语对我的重要性								.496

　　利用转轴后的因素成分矩阵,即可将 36 个题目,格子分布到 8 个主成分,第一个因素主要影响 M1、M2、M3、M4、M5、M6、M7,第二个因素主要影响 M8、M9、M10、M11、M12、M13、M14、M15,第三个因素主要影响 M16、M17、M18、M19,第四个因素主要影响 M20、M21、M22,第五个因素主要影响 M23、M24 、M25。我们把以上五个因素分别命名为:"外部动机"、"融合型动机"、"教学动机"、"内部动机"和"家长鼓励动机"。

二、自主学习问卷的因子分析

（一）确定是否适合做因子分析

表 5.5　**KMO and Bartlett's Test**

Kaiser – Meyer – Olkin Measure of Sampling Adequacy.		.951
Bartlett's Test of Sphericity	Approx. Chi – Square	6780. 906
	df	.435
	Sig.	.000

巴特利特球形检验的伴随概率为 .000，小于 .01，拒绝零假设，可以做因子分析；KMO 的值为 .951 > .9，非常适合做因子分析。

（二）因子提取

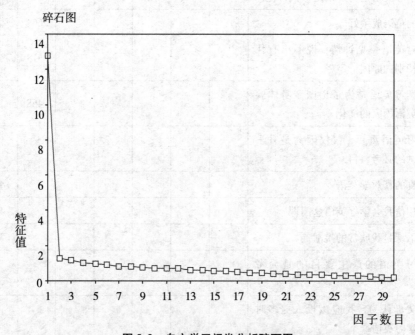

图 5.2　**自主学习问卷分析碎石图**

表 5.6　**总变异量**（**Total Variance Explained**）

成分	初始特征值			转轴平方和负荷		
	总和	变异数%	累积 %	总和	变异数%	累积 %
1	12. 781	42. 605	42. 605	4. 448	14. 828	14. 828
2	1. 287	4. 290	46. 895	3. 988	13. 294	28. 122

续　表

成分	初始特征值			转轴平方和负荷		
	总和	变异数%	累积 %	总和	变异数%	累积 %
3	1. 154	3. 846	50. 741	3. 920	13. 065	41. 188
4	1. 019	3. 398	54. 139	3. 885	12. 951	54. 139
5	.990	3. 300	57. 439			
6	.909	3. 032	60. 471			
7	.838	2. 793	63. 264			
8	.817	2. 723	65. 987			
9	.764	2. 546	68. 533			
10	.725	2. 416	70. 950			
11	.723	2. 409	73. 358			
12	.688	2. 295	75. 653			
13	.633	2. 111	77. 764			
14	.612	2. 040	79. 804			
15	.585	1. 949	81. 753			
16	.536	1. 785	83. 539			
17	.517	1. 724	85. 263			
18	.455	1. 517	86. 780			
19	.438	1. 460	88. 240			
20	.420	1. 400	89. 641			
21	.403	1. 344	90. 985			
22	.370	1. 234	92. 219			
23	.365	1. 217	93. 436			
24	.348	1. 160	94. 596			
25	.329	1. 097	95. 693			
26	.307	1. 025	96. 717			
27	.294	.979	97. 696			
28	.249	.829	98. 526			
29	.224	.748	99. 274			
30	.218	.726	100. 000			

Extraction Method：Principal Component Analysis.

从表5.6来看，特征值大于1的因子/主成分有4个，其对总方差的累计贡献率为54.139%，其中第一个因子特征值为12.781，解释了变异数的42.605%，第二个因子特征值为1.287，解释了变异数的4.290%，第三个因子特征值为1.154，解释了变异数的3.846%，第四个因子特征值为1.019，解释了变异数的3.398%。同时，结合图5.2的碎石图，从第五个因子开始，特征值渐趋减少，因此，萃取前四个因子是比较合适的。

表5.7　转轴后的成分矩阵

项目		成分			
		1	2	3	4
Z1	为了提高自己的听力能力，我课外主动听各种英语录音	.708			
Z2	课外，我努力练习说英语	.663			
Z3	对于下一次英语课要学习的内容，即使老师不要求我也会提前预习	.603			
Z4	在课堂上，我主动地用英语回答问题	.543			
Z5	我经常制定自己的英语学习计划	.520			
Z6	我喜欢和老师同学交流学习体会	.498			
Z7	我能够不时地检查计划的实施情况	.489			
Z8	除了完成作业，我还对所学的内容主动复习	.451			
Z9	今天要背的内容，不会留到明天去完成	.442			
Z10	课外，我常阅读一些有趣的英语文章	.403			
Z11	我积极参与课内外英语学习活动		.754		
Z12	我经常制定明确具体的英语学习目标		.664		
Z13	我经常购买和使用英语工具书、参考书或配套练习		.628		
Z14	如果在考试或作业中出现错误，我会及时纠正杜绝再犯		.547		
Z15	我经常关注自己在英语学习中的进步与不足		.526		
Z16	我乐于和同学们一起进行英语练习活动，如对话、角色扮演等		.484		
Z17	我利用字典查阅学习单词			.674	
Z18	在阅读时我能抓住文章或段落的主要内容			.651	
Z19	练习听力时，我首先掌握听力材料的概要			.596	
Z20	我把单词放在短语或句子中去理解记忆			.529	
Z21	我能够在英语学习中集中注意力			.475	
Z22	我学习单词、句型时，能发现规律，举一反三			.461	

续　表

项目		成分			
		1	2	3	4
Z23	英语成绩退步时，我鼓励自己继续努力				.725
Z24	别人说英语时，我注意听				.620
Z25	在英语课上，我能抓住重点，按自己的方式有条理地记笔记				.572
Z26	在英语课上，我注意听懂老师所说的英语句子				.499
Z27	我能找到适合自己的学习英语的有效方法				.484
Z28	学习英语时，我能把新旧知识联系起来				.471
Z29	我用多种方法记单词，如利用发音规则、重复记忆、联想记忆等				.456
Z30	英语学习中遇到困难，我知道如何获得帮助				.423

　　利用转轴后的因素成分矩阵，即可将 36 个题目，格子分布到 4 个主成分，第一个因素主要影响 Z1、Z2、Z4、Z8，第二个因素主要影响 Z11、Z12、Z13、Z16，第三个因素主要影响 Z17、Z18、Z19、Z20、Z21、Z21，第四个因素主要影响 Z23、Z24、Z25、Z26。根据各因素潜在的内涵，可将以上四个因素分别命名为："主体意识"、"自我监控"、"学习策略"和"记忆策略"。

三、学习策略问卷的因子分析

（一）确定是否适合作因子分析

表 5.8　**KMO and Bartlett's Test**

Kaiser – Meyer – Olkin Measure of Sampling Adequacy.		.946
Bartlett's Test of Sphericity	Approx. Chi – Square	8183.537
	df	.630
	Sig.	.000

　　巴特利特球形检验的伴随概率为 .000，小于 .01，拒绝零假设，可以做因子分析；KMO 的值为 .946 > .9，非常适合做因子分析。

（二）因子提取

　　与学习动机问卷采取的方法相同，采用的是主成分分析（Principal Components Analysis）和平均正交旋转法（Equamax）对问卷进行结构分析。学习策略问卷的碎石图（Scree Plot）如下：

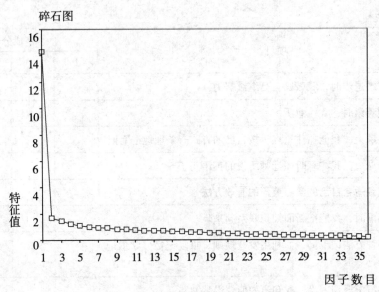

图 5.3 学习策略问卷分析碎石图

从表 5.9 来看，特征值大于 1 的因子/主成分有 5 个，其对总方差的累计贡献率为 55.065%，其中第一个因子特征值为 14.301，解释了变异数的 39.726%，第二个因子特征值为 1.695，解释了变异数的 4.707%，第三个因子特征值为 1.452，解释了变异数的 4.034%，第四个因子特征值为 1.242，解释了变异数的 3.450%，第五个因子特征值为 1.133，解释了变异数的 3.148%。图 5.3 所显示的因素碎石图也表明，从第六个主成分开始，特征值都非常低，小于 1，该图从另一个高度说明只需要萃取 5 个主成分即可。

表 5.9 总变异量（Total Variance Explained）

成分	初始特征值			转轴平方和负荷		
	总和	变异数%	累积 %	总和	变异数%	累积 %
1	14.301	39.726	39.726	14.301	39.726	39.726
2	1.695	4.707	44.434	1.695	4.707	44.434
3	1.452	4.034	48.468	1.452	4.034	48.468
4	1.242	3.450	51.917	1.242	3.450	51.917
5	1.133	3.148	55.065	1.133	3.148	55.065
6	.995	2.765	57.830			
7	.956	2.656	60.486			
8	.925	2.570	63.056			
9	.813	2.258	65.314			
10	.798	2.215	67.530			

续　表

成分	初始特征值			转轴平方和负荷		
	总和	变异数%	累积 %	总和	变异数%	累积 %
11	.758	2.105	69.635			
12	.719	1.996	71.631			
13	.700	1.943	73.574			
14	.680	1.888	75.462			
15	.633	1.758	77.220			
16	.623	1.731	78.951			
17	.608	1.690	80.641			
18	.578	1.607	82.248			
19	.511	1.420	83.668			
20	.505	1.402	85.071			
21	.477	1.325	86.395			
22	.456	1.265	87.661			
23	.435	1.208	88.869			
24	.408	1.132	90.001			
25	.398	1.104	91.105			
26	.382	1.061	92.167			
27	.361	1.003	93.170			
28	.335	.932	94.101			
29	.329	.913	95.014			
30	.319	.886	95.900			
31	.295	.820	96.720			
32	.269	.747	97.467			
33	.263	.730	98.197			
34	.246	.684	98.881			
35	.227	.631	99.512			
36	.176	.488	100.000			

Extraction Method：Principal Component Analysis.

利用转轴的因素成分矩阵，即可将 36 个题目分布到 5 个主成分，其中第一个因素主要影响 T1、T2、T3、T4、T5、T6，第二个因素主要影响 T11、T12、T13、T14、T15、T16、T17、T18，第三个因素主要影响 T19、T20、T21、T22、T23、T24、T25、T26、T27，第四个因素主要影响 T29、T30、T31、T32，第五个因素主要影响 T33、T34、T35、T36。根据各因素的潜在意义与内涵进行归纳，可将上述五个因素分别归纳为"资源管理策略"、"认知策略"、"情感型策略"、"元认知策略"和"记忆策略"。具体见表 5.10。

表 5.10　转轴后的成分矩阵

项目		成分				
		1	2	3	4	5
T1	我积极参与课内外英语学习活动	.657				
T2	我有明确的英语学习目标	.624				
T3	我经常制订英语学习计划	.597				
T4	在英语学习中，我乐于向同学提供帮助	.592				
T5	我尽量通过多种渠道学习英语	.577				
T6	在课内外学习活动中我积极用英语与他人交流	.545				
T7	我对英语和英语学习有积极的态度	.533				
T8	在英语学习中我努力克服害羞和焦虑心理	.533				
T9	我注意把握用英语交际的机会	.475				
T10	我借助联想把相关知识联系起来	.382				
T11	我对所学习内容主动复习并加以整理和归纳		.695			
T12	在交际中，我能克服语言障碍，维持交际		.673			
T13	在学习中，我善于利用图画等非语言信息理解和归纳		.601			
T14	我经常评价自己学习的效果，总结学习方法		.569			
T15	在交际中，我经常借助手势、表情等进行表达		.538			
T16	我经常与教师和同学交流学习体会		.537			
T17	在交际中，我把注意力集中在意思的表达上		.512			
T18	我注意发现语言的规律并运用规律举一反三		.443			
T19	我注意调整英语学习中的情绪			.665		
T20	我注意了解自己在英语学习中的进步与不足			.644		
T21	在交际中，我注意中外交际习俗的差异			.620		
T22	我逐步树立学习英语的信心			.579		

续 表

项目		成分				
		1	2	3	4	5
T23	我有意识地培养英语学习的兴趣			.520		
T24	在学习中我经常鼓励别人			.515		
T25	在学习中我善于记要点			.489		
T26	使用英语时,我能意识到错误并进行适当的纠正			.482		
T27	学习中遇到困难时我积极寻求帮助			.459		
T28	交际中遇到困难时,我能有效地寻求帮助			.398		
T29	在学习中我集中注意力				.694	
T30	我总是根据需要进行预习				.644	
T31	我注意利用记忆规律提高记忆效果				.608	
T32	在学习中我积极思考				.465	
T33	我经常使用工具书					.621
T34	必要时我借助母语知识理解英语					.561
T35	我经常借助情景和上下文猜测词义					.561
T36	我注意通过音像资料丰富自己的学习					.483

四、民族认同和国家认同问卷的因子分析

（一）确定是否适合做因子分析

从表5.11可见,巴特利特球形检验的伴随概率为.000,小于.01,拒绝零假设,可以做因子分析;KMO的值为.878,在0.8＜KMO＜0.9之间,比较适合做因子分析。

表5.11 **KMO and Bartlett's Test**

Kaiser – Meyer – Olkin Measure of Sampling Adequacy.		.878
Bartlett's Test of Sphericity	Approx. Chi – Square	9706.592
	df	2016
	Sig.	.000

（二）因子提取

出于研究的考虑,我们对民族认同和国家认同问卷分别进行的因子提取,均采用主成分分析（Principal Components Analysis）和平均正交旋转法（Equamax）对问卷进行结构

分析。

1. 民族认同问卷的因子提取

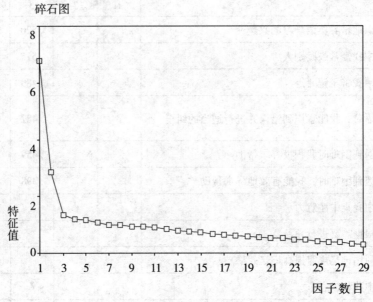

图 5.4　民族认同问卷分析碎石图

表 5.12　总变异量（Total Variance Explained）

成分	初始特征值			转轴平方和负荷		
	总和	变异数%	累积 %	总和	变异数%	累积 %
1	6.769	23.340	23.340	2.933	10.114	10.114
2	2.847	9.818	33.159	2.769	9.548	19.662
3	1.347	4.644	37.803	2.488	8.580	28.242
4	1.197	4.128	41.931	2.176	7.503	35.745
5	1.164	4.015	45.946	2.132	7.352	43.097
6	1.072	3.695	49.641	1.898	6.544	49.641
7	.996	3.436	53.077			
8	.978	3.372	56.449			
9	.939	3.237	59.686			
10	.925	3.190	62.876			
11	.895	3.086	65.961			
12	.835	2.879	68.841			
13	.791	2.729	71.569			

续　表

成分	初始特征值			转轴平方和负荷		
	总和	变异数%	累积 %	总和	变异数%	累积 %
14	.750	2.586	74.155			
15	.718	2.476	76.631			
16	.665	2.293	78.924			
17	.626	2.159	81.083			
18	.606	2.089	83.172			
19	.580	1.998	85.170			
20	.540	1.862	87.033			
21	.525	1.810	88.842			
22	.510	1.759	90.602			
23	.477	1.643	92.245			
24	.471	1.623	93.868			
25	.399	1.375	95.243			
26	.385	1.329	96.572			
27	.383	1.321	97.894			
28	.312	1.076	98.969			
29	.299	1.031	100.000			

Extraction Method: Principal Component Analysis.

根据表 5.12，在总变量中的所有主成分中，共有 6 个特征值大于 1 的因子，其对总方差的累积贡献率为 49.641%，其中第一个因子特征值为 6.769，解释了变异数的 23.340%，第二个因子特征值为 2.847，解释了变异数的 9.818%，第三个因子特征值为 1.347，解释了变异数的 4.644%。从第四个因子开始，其特征值虽然大于 1，但特征值非常低，并且图 5.4 的碎石图也反映出，前面 3 个因子从第四个因子后已渐趋平坦，但考虑到本研究的预测涉及和研究目的，拟萃取第一、第三、第五个因子作为主成分，而第二和第四个因子不纳入主要分析的因子。

利用转轴的因素成分矩阵，即可将 36 个题目分布到 5 个主成分，其中第一个因素主要影响 M1、M2、M3、M4、M5、M6，涉及对本民族的风俗习惯、传说故事、语言和文字以及传统节日，是对佤族本民族文化的一些认同，可命名为"文化认同"；第三个因素主要影响 M13、M14、M15、M16，是个体对本民族的社会地位、经济发展、教育以及整体文化等方面的态度，可命名为"社会认同"。第五个因素主要影响 M25、M26、M27、M28、M29，是个体对本民族成员感觉、疏离感、距离感、自豪感等方面的情感，可命名为"民族归属感"。由此可见，民族认同问卷最终可以萃取出"民族归属感"、"文化认同"和"社会认同"三个因子，具体见表5.13。

表5.13 转轴后的成分矩阵

项目		成分					
		1	2	3	4	5	6
M1	我知道佤族的一些传说故事	.697					
M2	我知道佤族的一些独特的风俗习惯	.646					
M3	我知道自己是佤族的一员	.546					
M4	在我心目中，佤族是伟大的民族	.541					
M5	我认为佤族有许多优秀的品质	.539					
M6	我为自己是佤族的一员而感到自豪	.363					
M7	我愿意同其他民族的人混居在一起		.744				
M8	只要有机会，我会选择吃佤族的传统食物		.556				
M9	我愿意帮助其他民族的人		.546				
M10	我愿意与其他民族的人一起工作和生活		.536				
M11	我愿意去学习了解其他民族的语言和文化		.499				
M12	我会庆祝本民族的一些传统节日		.472				
M13	我对佤族的历史不太了解			.709			
M14	与其他民族的成员在一起，我会有距离感			.686			
M15	要是我不是佤族的一员就好了			.525			
M16	我不会刻意学习和保持佤族的一些风俗习惯			.459			
M17	我很乐意别人知道我的民族身份			−.427			
M18	在远离本民族的地方遇见佤族人，我会感到亲切			−.328			
M19	佤族的将来与我无关				.726		
M20	我的民族身份对我而言无关紧要				.576		
M21	我知晓本民族的语言和文字				.508		
M22	佤族的身份对我的生活有积极的影响					.615	
M23	我会将佤族的文化和语言传承下去					.497	
M24	我不做我民族不容许的事情					.450	

续 表

项目		成分					
		1	2	3	4	5	6
M25	我希望我的朋友和我是同一民族的人						.595
M26	远离自己所属的民族群体，我会感到不安						.573
M27	我将来会优先选择在佤族居住的地方生活和工作						.488
M28	其他的佤族成员对我而言就像家人						.449
M29	如果听到其他人说佤族的坏话，我会生气						.416

2. 国家认同问卷的因子提取

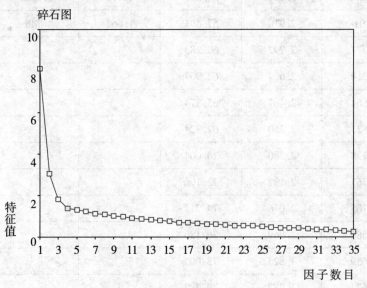

图 5.5 民族认同问卷分析碎石图

根据表 5.14，在总变量中的所有主成分中，共有 9 个特征值大于 1 的因子，其对总方差的累积贡献率为 57.491%，其中第一个因子特征值为 8.094，解释了变异数的 23.125%，第二个因子特征值为 3.061，解释了变异数的 8.747%，第三个因子特征值为 1.810，解释了变异数的 5.171%。同样，从第四个因子开始，其特征值虽然大于 1，但特征值非常低，并且图 5.5 的碎石图也反映出，前面 3 个因子从第四个因子后已渐趋平坦，说明只需要萃取 3 个主成分即可。

利用转轴的因素成分矩阵，即可将 35 个题目分布到 9 个主成分，与民族认同问卷的因子萃取原则和方法一样，国家认同问卷最终也可以萃取出"民族归属感"、"文化认同"和"社会认同"三个因子。

表5.14 总变异量（Total Variance Explained）

成分	初始特征值			转轴平方和负荷		
	总和	变异数%	累积 %	总和	变异数%	累积 %
1	8.094	23.125	23.125	2.921	8.347	8.347
2	3.061	8.747	31.872	2.708	7.738	16.085
3	1.810	5.171	37.043	2.507	7.164	23.249
4	1.373	3.924	40.966	2.324	6.640	29.889
5	1.311	3.745	44.711	2.233	6.381	36.269
6	1.218	3.481	48.192	2.147	6.133	42.402
7	1.137	3.250	51.442	1.847	5.276	47.678
8	1.099	3.140	54.582	1.773	5.066	52.745
9	1.018	2.910	57.491	1.661	4.746	57.491
10	.977	2.792	60.283			
11	.918	2.624	62.907			
12	.864	2.467	65.374			
13	.823	2.350	67.724			
14	.798	2.280	70.004			
15	.767	2.192	72.196			
16	.705	2.016	74.211			
17	.689	1.969	76.180			
18	.639	1.825	78.005			
19	.624	1.782	79.787			
20	.618	1.765	81.553			
21	.585	1.672	83.225			
22	.549	1.568	84.793			
23	.533	1.522	86.315			
24	.530	1.515	87.830			
25	.507	1.449	89.278			
26	.468	1.338	90.617			
27	.442	1.263	91.880			
28	.433	1.236	93.116			

续　表

成分	初始特征值			转轴平方和负荷		
	总和	变异数%	累积 %	总和	变异数%	累积 %
29	.423	1.208	94.324			
30	.402	1.150	95.474			
31	.380	1.084	96.558			
32	.347	.990	97.548			
33	.326	.933	98.481			
34	.290	.830	99.311			
35	.241	.689	100.000			

表 5.15　转轴后的成分矩阵

项目		成分					
		1	2	3	4	5	6
G1	与外国人交往时，我会为自己的中国人身份感到苦恼	.740					
G2	我的中国人身份阻碍了我的发展	.710					
G3	我希望自己不是一个中国人	.596					
G4	我认为，中国人有很多值得自豪的地方	-.558					
G5	我很高兴自己是一个中国人	-.493					
G6	如有可能，我愿意成为比中国好的国家的人		.630				
G7	如果外国人说中国人的坏话，我觉得，这与我无关		.590				
G8	我个人的前途与所有中国人的前途关系不大		.562				
G9	我是一位中国人，我对此感到遗憾		.486				
G10	我觉得，大多数的外国人对中国人很友好			.605			
G11	我觉得，其他中国人获得成功，就相当于我自己取得成功			.582			
G12	我是中国人，这与我如何看待我自己有关系			.568			
G13	我觉得，我和其他中国人的差别很大			.533			

续　表

项目		成分					
		1	2	3	4	5	6
G14	我尊重其他中国人			.454			
G15	我觉得，中国人的事情就是我的事情			.446			
G16	我是一个典型的中国人				.757		
G17	我认为，其他国家的人觉得中国人不错				.752		
G18	与外国人接触时，我会主动表明自己的中国人身份				.577		
G19	总而言之，我对中国人感觉良好						
G20	我认为，中国人能力强					.547	
G21	我为自己是中国人而自豪					.530	
G22	平时，我经常会想到我是一个中国人					.462	
G23	中国人身份对我很重要					.457	
G24	听到外国人夸中国人时，我感觉就像表扬我自己					.399	
G25	我想，外国人看到我，会觉得我就是中国人的样子（体貌）						.645
G26	我认为，大多数外国人都尊重中国人						.567
G27	总的来说，中国人很善良						.516
G28	我和其他中国人有很多相似的性格和特点						.477
G29	与外国人打交道时，他们会觉得我的中国味很浓						.443
G30	我和其他中国人对大多数的事情的看法差不多						
G31	当外国人责难其他中国人时，我觉得就像在责难我自己						
G32	我觉得，大部分的外国人不看重中国人						
G33	我觉得，大部分外国人对中国人评价不高						
G34	是不是一名中国人，不会影响到我对自己的看法						
G35	如果有来世，我还是愿意做一个中国人						

注：考虑到只萃取前3个主成分，出于文本的篇幅考虑，将第7、8、9个主成分的成分矩阵删除。

第六章　研究结果与讨论

第一节　学习态度与动机

一、研究结果与分析

（一）动机类型的描写性统计分析

经过因子分析，本研究把学习动机所有问题归纳为五个动机因子，即内部动机、外部动机、融合型动机、教学动机和家长鼓励动机。对这五个因子进行描写性统计（descriptive statistics）分析显示，得分最高的因子是家长鼓励动机（3.5936），而得分最低的因子是教学动机（3.1339），外部动机和内部动机的得分分别是 3.41083 和 3.2334（见表6.1）。本调查结果同前人的研究成果基本相符（高一虹等，2003[①]；原一川等，2009[②]）。但在本调查中，出现了一个与前人研究不同的结果，即少数民族学生的教学动机得分最低，这说明佤族学生由于地理位置、经济社会发展条件的影响，民族边疆地区的教学质量和教学水平相对比较低，只有很少的学生会觉得"教学生动有趣，富于启发"，更谈不上"英语课外活动丰富多彩"，教材内容对学生也不具有吸引力。

表6.1　动机类型的描写性统计分析

因子	人数	最低分	最高分	平均值（M）	标准差（Std. D）
内部动机	437	1.00	4.86	3.2334	.73767
外部动机	437	1.00	4.75	3.4083	.53448
家长鼓励动机	437	1.00	5.00	3.5936	.67209
融合型动机	437	1.00	4.80	3.2297	.68075
教学动机	437	1.00	5.00	3.1339	.91423

---

① 高一虹，赵媛，程英，周燕："中国大学本科生英语学习动机类型"，载《现代外语》2003年第1期。

② 原一川，L. Lloyd，尚云，袁开春，黄炜："云南少数民族学生英语学习动机与英语成绩关系实证研究"，载《云南师范大学学报》（哲学社会科学版）2009年第1期。

（二）各动机类型上的组间差异

在统计结果的基础上，笔者选择了性别、年级、学校所在地、英语成绩作为自变量，动机类型的因子值为因变量，对不同组别的学习动机类型进行了多元方差分析。分析结果表明，性别、年级、学校所在地、英语成绩与动机类型之间有显著的主效应。

1. 性别与动机类型

根据表6.2，在所有动机类型中，性别对内部动机（P = .002 < .05）、家长鼓励动机（P = .048 < .05）和融合型动机（P = .011 < .05）有显著影响，说明对英语的爱好、家长的鼓励等因素在英语学习中起着极其重要的作用。说明很多佤族学生学习英语一方面是出于兴趣爱好，另一方面，"父母的鼓励"使得学生投入更多的时间学习英语。此外，女生的"社会责任动机"、"内部动机"、"外部动机"也显著高于男生，这是一个比较重要的发现，与前人的研究相吻合（高一虹等，2003①）。在现实生活中，女生相对男生而言更易采纳家长和教师的建议，也更对"英语学习很有兴趣"，甚至"对英语一见钟情，说不出有什么特别的原因"。值得一提的是，外部动机和教学动机对学生的英语学习没有显著的影响，这说明佤族中学生生活在云南边疆地区，对于英语学习的重要性的认识程度不高，同时也表明目前我国少数民族地区使用的英语学习教材对学生的吸引力不够，需进一步改进。

表6.2　性别在动机类型各因素的差异检验

	男生		女生		F	Sig.
	平均数（M）	标准差（SD）	平均数（M）	标准差（SD）		
内部动机	3.1158	.75062	3.3383	.71128	10.111	.002
外部动机	3.3633	.59989	3.4484	.46620	2.775	.096
家长鼓励动机	3.5262	.73729	3.6537	.60338	3.943	.048
融合型动机	3.1417	.73445	3.3082	.62015	6.596	.011
教学动机	3.0801	.95873	3.1818	.87194	1.349	.246

2. 年级与动机类型

从表6.3来看，年级在内部动机（P = .007 < .05）、外部动机（P = .021 < .05）、融合型动机（P = .000 < .05）、教学动机（P = .000 < .05）有显著影响，而家长鼓励动机在年级上没有显著的差异性。此外，初中生在五种学习动机上的均值都高于高中生，这说明初中生学习英语的兴趣和热情远远高于高中生，他们受到"高考"或"就业"等外部环境压力更小，主要出于兴趣爱好或好奇心促使而进行学习活动。从另一个角度而言，我们可以认为，年级高的学生的英语学习动机并不一定比年级低的学生更强烈，其英语学习的功利性更强，而兴趣性更弱。

_____

① 高一虹，赵媛，程英，周燕："中国大学本科生英语学习动机类型"，载《现代外语》2003年第1期。

表 6.3 年级在学习动机类型各因素的差异检验

	初中		高中		F	Sig.
	平均数（M）	标准差（SD）	平均数（M）	标准差（SD）		
内部动机	3.3296	.66490	3.1403	.79231	7.295	.007
外部动机	3.4682	.49158	3.3502	.56807	5.376	.021
家长鼓励动机	3.6102	.69959	3.5775	.64551	.259	.611
融合型动机	3.3647	.59926	3.0991	.72916	17.239	.000
教学动机	3.3419	.86366	2.9324	.91860	23.011	.000

3. 生长环境与动机类型

在本次调查中，生长环境（即乡村与县城）对外部动机（P = .000 < .05）、家长鼓励动机（P = .0390 < .05）和融合型动机（P = .007 < .05）均具有显著的影响。从表6.4来看，县城中学的学生在内部动机、外部动机、融合型动机和家长鼓励动机上的均值均超过了乡村中学的学生，尤其是"家庭鼓励"和"社会责任"的动机促使县城中学学生更努力学习英语，可能是由于家庭条件相对较好，他们在各方面的发展机会更多，接触英语学习的机会也更多，因而对英语学习的动机更为强烈。而农村的中学生由于贫困的生存环境，通过学好英语并考上大学而改变现有的状况希望很渺小，学习英语的动机就相对较弱。

表 6.4 生长环境在学习动机类型各因素的差异检验

	县城		乡村		F	Sig.
	平均数（M）	标准差（SD）	平均数（M）	标准差（SD）		
内部动机	3.2550	.74394	3.0306	.64934	3.532	.061
外部动机	3.4384	.53534	3.1250	.43913	13.424	.000
家长鼓励动机	3.6486	.65692	3.0762	.59420	29.328	.000
融合型动机	3.2516	.67993	3.0238	.66141	4.284	.039
教学动机	3.1335	.93578	3.1369	.68788	.001	.982

4. 英语成绩与动机类型

在所有动机类型中，英语成绩只在内部动机（P = .000 < .05）、融合型动机（P = .014 < .05）和教学动机（P = .018 < .05）方面达到显著，并且成绩在100~120分之间的学生在所有学习动机上的均值显著高于其他分数组。值得注意的是，79.86%的学生成绩在80分以下，仅有3%的学生成绩达到100分以上，这说明佤族学生的英语成绩相当不理想，他们学习英语的动机不强烈。（注：英语试卷总分为120分）

表6.5　不同学习成绩学生在学习动机类型各因素的差异检验

	60 分以下 (N = 94)	60 ~ 79 分 (N = 155)	80 ~ 99 分 (N = 75)	100 ~ 120 分 (N = 13)	F	Sig.
	平均数（M）					
内部动机	3.0405	3.3797	3.3810	3.5165	8.512	.000
外部动机	3.3329	3.4591	3.4811	3.5064	2.387	.068
家长鼓励动机	3.5320	3.6168	3.7067	3.5846	1.317	.268
融合型动机	3.1113	3.3239	3.3280	3.3077	3.584	.014
教学动机	3.0026	3.2194	3.2067	3.6538	3.401	.018

二、相关系数分析

本书采用皮尔逊相关系数分析少数民族学生英语学习动机与英语成绩之间的关系。如表6.6所示，英语成绩与4个因子有显著的正相关性，即内部动机（$P = .000 < 0.01$）、外部动机（$P = .015 < 0.05$）、融合型动机（$P = .006 < 0.01$）和教学动机（$P = .005 < 0.05$）。但值得一提的是，佤族中学生的英语成绩与家长鼓励动机之间不存在显著的关系。

表6.6　英语成绩与态度/动机的相关系数

学习动机类型		内部动机	外部动机	家长鼓励动机	融合动机	教学动机
英语成绩	相关系数	.209（＊＊）	.117（＊）	.083	.131（＊＊）	.134（＊＊）
	显著性	.000	.015	.083	.006	.005

注：＊＊　$p < 0.01$（双尾检验）；　＊　$p < 0.05$（双尾检验）.

1. 内部动机

调查结果显示，内部动机（$r = .209$）的相关系数最高，在受试者的英语学习中起着最重要的作用。这是一个比较新的发现，同以往的研究明显不同，前人的研究认为，外部动机或融合型动机是外语学习的主要动机（Dornyei，1990[①]；束定芳和庄智象，1996[②]）。本研究结果与前人的研究（原一川等，2009[③]）相符合，即"内部动机"是影响少数民族学生英语学习的动力源泉。可见，英语学习的动机不仅仅只有工具型和融合型动机，而且还存

[①]　Dornyei, Z. (1990). Conceptualizing motivation in foreign – language learning［J］. *Language Learning*1：45 ~ 78.

[②]　束定芳，庄智象：《现代外语教学：理论、实践与方法》，上海：上海外语教育出版社，1999 年版，第48 页。

[③]　原一川，L. Lloyd，尚云，袁开春，黄炜："云南少数民族学生英语学习动机与英语成绩关系实证研究"，载《云南师范大学学报》（哲学社会科学版）2009 年第 1 期。

在其他的动机类型。佤族学生"喜欢学英语",并"对现在的英语学习很有兴趣",很可能是真正的出于兴趣的爱好和好奇,是源于一种获取知识并满足好奇心的驱动力。

2. 融合型动机、外部动机和教学动机

Noel 及同事（2001①）把二语习得/外语学习动机类型分为内部动机、外部动机和融合型动机。由外部客观条件（诱因）吸引、激励、诱发学生而形成的学习动机称为外部学习动机,如升学考试等,都可以激发学生的外部学习动机。实践证明外部学习动机对学习活动有一定影响,能够在一定程度上提高学生的学业成绩。本调查也发现了同样的结果,即融合型动机（$r = 0.131$, $p < 0.01$）和外部动机（$r = 0.117$, $p < 0.05$）均与英语学习有显著的相关性。与汉族学生相同,很多佤族学生觉得"学习英语重要,仅仅因为是升学考试的必考科目",或者"学习英语的最主要目的是为考大学"。

教学因素如教师的教学风格、教材的丰富程度以及课外英语活动等都会对学生的英语学习产生重要的影响,并且是双向的影响,包括正面影响和负面影响。有些学生既可能因为"英语课外活动丰富多彩"而对学习英语更加有兴趣,也可能因觉得"教材枯燥无味"而放弃英语学习。

3. 家长鼓励动机

一般而言,在中国传统文化的影响下,家长对孩子的期望很高,都抱着望子成龙、望女成凤的心愿不断地督促学生提高学习成绩,而学生也正是在家长的期望和鼓励下学习英语。理论上,"家长鼓励动机"在英语学习中应该起着很重要的作用,但调查结果却发现,"家庭鼓励动机"（$r = 0.083$, $p > 0.05$）与英语成绩之间不存在显著的相关性。可见,佤族学生学习英语的动机不是出于家长的鼓励,而更多的是出于对英语的好奇心及高考、工作等外部动机。这是一个与前人研究的不同之处（原一川,2007②）,很可能是佤族学生家长本身对英语学习的目的性不了解,且处于边远山区,对自己的孩子能够通过学习英语或考上大学而摆脱贫困和命运,并在外面找到好工作的希望感到渺茫。

第二节 自主学习

一、研究结果与分析

（一）自主学习类型的描写性统计分析

学习者自主的概念属于教育哲学范畴,是 Henri Holec（1981）率先将这一概念引入外语教学的。目前,国内外学术界关于自主学习内涵的界定众说纷纭,尚无定论。在国外,Holec 认为,学习者自主是"一种学生自我管理语言学习的能力"。③ Boud 认为,学

---

① Noel, K. A. (2002). New Orientations in Language Learning Motivation: Toward a Model of Instrinsic, Extrinsic, and Motivation. In Z. Dornyei and R. Schmidt (Eds.), Motivation and Second Language Acquisition. Honolulu: Univeristy of Hawai'Ⅰ at Manoa.

② 原一川:《少数民族学生英语学习态度和动机实证研究》,上海:上海外语教育出版社,2007 年版,第 186 ~ 188 页。

③ Holec H. Autonomy in Foreign Language Learning. Oxford: pergamon, 1981.

习者自主既是一个教育目标，又是一种教学理念，同时它还是一种学习策略。① Thomson 指出："学习者自主是一种让学生自己负责的学习。"② 纵观国外学者关于自主学习的种种界定，不难看出，自主学习是一种能力，主要体现在学习主体自我学习的主动性和策略以及客体或者说教师、环境的引导。③ 国内学者韩清林从狭义与广义的角度对自主学习进行了界定，他认为，狭义的"自主学习"是指学生在教师的科学指导下，通过能动的创造性的学习活动，实现自主性发展。而广义的"自主学习"是指人们通过多种手段和途径，进行有目的有选择的学习活动，从而实现自主性发展。也就是说，学习者自主学习能力离不开教师的教与学生的学。其中教师是主导，学生是主体。④ 庞维国指出，自主学习能力主要包括三个方面，即学习态度、学习策略以及学习过程中的主体意识。学习态度是内在的学习动机，是自觉确定学习目标、应用学习策略、启动学习过程的前提。学习者选择、监控和应用的学习策略是高效率英语学习的关键。学习活动中，学习者能主动确定学习目标、制订计划并对学习进展自我监控、自我反馈、自我调节，对结果自我检查、自我补救、自我评价和自我强化，就具备了自主学习能力。⑤

结合上述国内外学者的研究，经过因子分析，本研究把自主学习所有问题归纳为四个动机因子，即主体意识、自我监控、学习策略和记忆策略。对这四个因子进行描写性统计（descriptive statistics）分析显示，四种自主学习类型的均值在2.8～3.2，得分最高的因子是记忆策略（M=3.1550），得分最低的因子是主体意识（M=2.8658），总体得分是比较低的。参照 Oxford（1990）对学习策略使用频率的划分标准，平均值高于3.5，表明相应的自主度较高；平均值在2.5～3.4，表示相应的自主度一般；低于2.5，则较低。研究结果表明，佤族中学生的自主学习能力一般，很少的学生能够对学习进行调节和控制，缺乏完成学习目标、解决问题和学习责任感的主体意识，大部分学生都不会"制订自己的英语学习计划"，处于一种比较盲目的学习状态，但记忆策略使用的频率相对较高。

表6.7　自主学习策略类型的描写性统计分析

因子	人数	最低分	最高分	平均值（M）	标准差（Std. D）
主体意识	437	1.00	5.00	2.8658	.77064
自我监控	437	1.00	5.00	2.8702	.76780
学习策略	437	1.00	5.00	3.0223	.76406
记忆策略	437	1.00	7.43	3.1550	.83231

---

① Boud D. *Moving Towards Autonomy. Boud , Developing Student Autonomy*. London：Kogapage，1988.

② Thomson CK. *Self - assessment in Self - Directed Learning : Issues of Learner Diversity. Pembertoetal Taking Control : Autonomy in Language Learning*［M］. Hong Kong University Press，1996.

③ 王嵘，田金平："浅议大学生英语自主学习能力的培养"，载《山西师大学报》（社会科学版）2011年第2期。

④ 韩清林："论自主学习的地位及作用"，载《河北教育》2000年第2期。

⑤ 庞维国：《自主学习：学与教的原理和策略》，上海：华东师范大学出版社，2003年版，第77～79页。

（二）自主学习类型的影响因素

为了进一步考察佤族中学生自主学习各类型的影响因素，本研究以性别、年级、学校所在地和英语成绩作为自变量，对因变量（自主学习类型）进行深入地探索。

1. 男女学生在自主学习类型的差异

运用独立样本 t 检验对自主学习策略的性别差异进行比较，结果显示，男女学生在学习类型上的差异没有达到统计上的显著性，但是，女生在四种自主学习类型上的均值都高于男生。可见，女生在英语学习上比男生积极、主动，尤其是更擅长采用各种方法，如联想、图像和声音来加强记忆，或者采取各种有效的、适合自己的学习策略来提高英语学习成绩。此研究结果正好符合一种人们普遍认为的观点，即女生比男生更具有学习外语语言的天赋和能力，能够更好地、更快地学会一种外来语言。

表 6.8　性别在自主学习各因素上的差异检验

	男生		女生		F	Sig.
	平均数（M）	标准差（SD）	平均数（M）	标准差（SD）		
主体意识	2.8465	.81545	2.8831	.72971	.246	.620
自我监控	2.8176	.84068	2.9171	.69491	1.833	.176
学习策略	3.0000	.82427	3.0422	.70728	.332	.565
记忆策略	3.0895	.83133	3.2134	.83063	2.421	.120

2. 不同年级学生在自主学习类型上的差异

单因素方差分析显示，不同年级中学生在自主学习上差异不显著，但在主体意识（P=.000<.05）、自我监控（P=.027<.05）和记忆策略（P=.000<.05）这三个维度上均表现出了极显著的差异，且初中生在四种自主学习类型上的均值都高于高中生（见表6.9）。这可能是因为初中生学习任务较轻，自主学习能力较低，需要在精加工策略、深层学习、自我监督和记忆策略上更加投入，而高中生面临着高考压力，已经具备了学习的主体意识和自我监控能力，则在学习策略上投入了更多的时间和精力，具有较高的自主学习策略运用的能力。

表 6.9　不同年级在自主学习各因素上的差异检验

	初中		高中		F	Sig.
	平均数（M）	标准差（SD）	平均数（M）	标准差（SD）		
主体意识	3.0273	.63155	2.7095	.85760	19.365	.000
自我监控	2.9528	.61558	2.7902	.88488	4.943	.027
学习策略	3.0413	.68207	3.0039	.83700	.260	.610
记忆策略	3.3395	.69524	2.9762	.91290	21.808	.000

3. 生长环境在自主学习类型上的差异

本研究将被试的学生的生长环境分为县城与农村两个选项，用独立样本 t 检验对此进行比较。结果显示，来自不同生长环境的中学生在自主学习的主体意识（P = .019 < .05）上具有显著差异，而在自我监控、学习策略和记忆策略上没有显著的差异（见表 6.10）。由于我国传统的农村—城市分割的格局，教育资源分布的不平衡，城镇学校和农村学校在教育水平、师资力量、硬件设施等方面都存在较大差异。在以往关于高中生学习策略的研究中，有研究者指出，来自不同教育环境的学生的学习策略存在差异。[1] 本研究结果显示，这种显著的差异正随着我国城乡一体化进程的发展而逐渐缩小，乡村中学生在主体意识上的均值高于县城中学生，这可能是由于乡村中学生为了通过上学而改变命运的愿望更为强烈，为了提高学习成绩，能够更主动地制定学习目标并主动地、自觉地执行学习计划。

表 6.10 生长环境在自主学习类型各因素上的差异检验

	县城		乡村		F	Sig.
	平均数（M）	标准差（SD）	平均数（M）	标准差（SD）		
主体意识	2.8377	.78303	3.1310	.58627	5.556	.019
自我监控	2.8655	.78621	2.9150	.57148	.158	.692
学习策略	3.0291	.77308	2.9583	.67832	.325	.569
记忆策略	3.1392	.83031	3.3027	.84674	1.466	.227

4. 不同学习成绩学生在自主学习上的差异

表 6.11 不同学习成绩学生在自主学习各因素的差异检验

	60 分以下（N = 94）	60 ~ 79 分（N = 155）	80 ~ 99 分（N = 75）	100 ~ 120 分（N = 13）	F	Sig.
	平均数（M）					
主体意识	2.6927	3.0331	2.9917	2.7308	6.756	.000
自我监控	2.6451	3.0092	3.0895	3.3077	11.472	.000
学习策略	2.7880	3.2016	3.2367	3.1442	11.823	.000
记忆策略	2.9440	3.2747	3.3886	3.5275	8.473	.000

从表 6.11 可见，不同学习成绩的学生在主体意识、自我监控、学习策略和记忆策略上均达到了统计上的显著性，总体上高分组（80 分以上）学生比低分组（80 分以下）学生在主体意识、任务意识、策略意识、自我效能、自我监控等方面具有更强的自主能力，

[1] 王捍："呼伦贝尔市高中生学习策略现状的调查与促进"，东北师范大学硕士论文，2005 年。

能够有目的、有意识地制定有关的学习计划和目标，对其所从事的学习活动进行自我调节和控制，或者以利用各种学习工具帮助自己学习。此研究结果再次验证了"成功者使用策略的宽度和频度总体上显著大于不成功者"的观点。[①]

二、相关系数分析

通过斯皮尔曼等级相关系数分析，我们发现，佤族中学生的英语学习成绩与主体意识、自我监控、学习策略和记忆策略之间均存在显著的正相关性，两者之间具有密切的关系（见表6.12）。此研究结果说明，中学生在英语学习中积极培养自主学习的能力，将有助于促进学习效率，提高英语学习成绩。这是一个重要的发现，弥补了以往研究的不足，以往的研究仅仅对学生的自主学习能力进行了归纳与分类，往往是描述性的研究相对较多，而定量研究较少，尤其未能深入地研究中学生自主学习与英语成绩之间的相关性。[②]

表6.12　自主学习与英语成绩之间的斯皮尔曼等级相关系数

自主学习类型		主体意识	自我监控	学习策略	记忆策略
英语成绩	相关系数	.142（＊＊）	.257（＊＊）	.234（＊＊）	.226（＊＊）
	显著性	.003	.000	.000	.000

注：＊＊　$p < 0.01$（双尾检验）；　＊　$p < 0.05$（双尾检验）.

第三节　学习策略

一、研究结果与分析

（一）佤族中学生学习策略的总体倾向

根据 Oxford（1990）的研究，群体人均分值（mean）可以解释策略使用的频度："均值为4.5~5.0，总是或几乎总是使用；均值为3.5~4.5，经常使用，均值为2.5~3.4，有时使用；均值为1.0~2.4，从来或几乎从来不使用。"[③]　经过因子分析，将学习策略问卷所有问题归纳为五个因子，即资源管理策略、认知策略、情感型策略、元认知策略和记忆策略。对这五个因子进行描写性统计（descriptive statistics）分析显示，五种学习策略的均值都在3.0–3.3，学生的学习策略使用意识总体不高，尤其是情感型策略使用的频率较低，均值 M＝3.0268。五种学习策略的均值从高到低依次是：资源管理策略、元认知

①　倪清泉："外语学习策略研究四十年"，载《四川外国语学院学报》2008年第6期。
②　李佳："英语专业新生自主学习情况的调查研究"，载《西南民族大学学报》（人文社会科学版）2010年第4期；王先荣，曹长德："试论我国大学英语自主学习的适切度——基于学习者视角的调查研究"，载《外国语文》2010年第5期。
③　Oxford. R. L. . *Language Learning Strategies*：*What Every Teacher School Know*［M］. New York：Newbury House Publishers. 1990.

策略、记忆策略、认知策略和情感型策略。本次调查结果与前人的研究基本上相符。[①] 可见，佤族中学生在英语学习过程中很少使用学习策略来提高英语学习成绩，这也是少数民族地区中学生英语成绩总体偏低的一个重要原因。

在本次研究中，得分最高的3项学习策略子项目依次是：第21项："我注意了解自己在英语学习中的进步与不足"（M = 3.3890）。第7项："学习中遇到困难时我积极寻求帮助"（M = 3.3730）；第8项："在英语学习中我努力克服害羞和焦虑心理"（M = 3.3295）。可见，由于英语是高考的必考科目之一，中国中学生为了学好英语，经常付出很多的努力，尤其是在调整心态、自我强化方面采取很多策略，同时还寻求他人的帮助。但是从第9项："我积极参与课内外英语学习活动"（M = 2.8513）、第12项："我经常制订英语学习计划"（M = 2.8810）和第36项："在课内外学习活动中我积极用英语与他人交流"（M = 2.6842）的研究结果来看，中国学生在英语学习过程中缺乏交际的环境，语言交际在语言学习中的重要作用和积极效果没有凸显出来，依然存在紧张、焦虑、自信心不足等问题。大部分佤族中学生学习没有计划性，也没有勇气使用英语进行交际，往往沿着典型的哑巴式学习路线发展。因此，从本研究的学习动机/态度分析结果可知，佤族中学生的学习动机比较强烈，具有强烈的学好英语的愿望，但学习成绩并不理想，这可能是由于自我管理、自我监控、自我评价，也就是元认知方面的问题。

表6.13　学习策略描述统计分析结果

因子	人数	最低分	最高分	平均值（M）	标准差（Std. D）
认知策略	437	1.00	5.00	3.0839	.74198
元认知策略	437	1.00	5.00	3.1680	.70482
情感型策略	437	1.00	5.00	3.0268	.72037
记忆策略	437	1.00	5.00	3.1021	.71531
资源管理策略	437	1.00	5.00	3.2032	.75440

（二）佤族中学生学习策略的差异比较

我们选择了性别、年级作为自变量，学习策略的因子值为因变量，对不同组别的学习策略类型进行了多元方差分析，以考察不同性别、不同年级在学习策略上的差异性。

1. 男女学生使用学习策略上的差异

表6.14的分析结果表明，男女生在五种学习策略方面都不存在着显著的差异，只不过女生元认知策略和资源管理策略使用的频率显著高于男生，而男生记忆策略使用的频率显著高于女生。这说明，佤族中学生在学习过程中都很少使用学习策略以提高学习成绩，但女生在学习中更倾向于设置学习目标，集中注意力，并通过努力管理（如归因努力、调整心态等）来加强学习，而男生更倾向于采用联想、图像和声音等方法来强化记忆。

---

① 罗红芳："非英语专业大学生英语学习策略使用差异研究"，载《中国成人教育》2010年第15期。

表 6.14　性别在学习策略各因素的差异检验

	男生		女生		F	Sig.
	平均数（M）	标准差（SD）	平均数（M）	标准差（SD）		
认知策略	3.0890	.75271	3.0794	.73389	.018	.892
元认知策略	3.1495	.78060	3.1844	.63089	.267	.606
情感型策略	2.9986	.75474	3.0519	.68896	.993	.320
记忆策略	3.1379	.77976	3.0701	.65257	.596	.440
资源管理策略	3.1461	.82545	3.2542	.68266	2.245	.135

2. 不同年级学生在学习策略使用上的比较

表 6.15　不同年级在学习策略各因素的差异检验

	初中		高中		F	Sig.
	平均数（M）	标准差（SD）	平均数（M）	标准差（SD）		
认知策略	3.1326	.63054	3.0368	.83463	1.823	.178
元认知策略	3.2074	.62258	3.1297	.77572	1.329	.250
情感型策略	3.0857	.57671	2.9698	.83372	2.842	.093
记忆策略	3.1033	.61107	3.1009	.80491	.001	.973
资源管理策略	3.3108	.56000	3.0991	.89274	8.752	.003

表 6.15 表明，不同年级只在资源管理策略（P = .003 < .05）上存在显著的差异，其他四种策略方面差异不明显，但初中生在所有学习策略上的使用频率显著地高于高中生。可见，初中生由于刚刚接触英语学习，好奇心比较强，更频繁地使用各种学习策略来进行英语学习，善于通过时间管理、学习环境管理、努力管理和其他人的支持来提高英语学习的兴趣和英语成绩。

3. 不同英语成绩学生在学习策略上的差异

Bremner 的大样本研究结果显示：成功者使用的策略显著多于不成功者。有关成功者与不成功者学习策略对比研究的"结果不完全一致，但多数研究者认为，成功者使用策略的宽度和频度总体上显著大于不成功者"。[①] 表 6.16 显示，本次研究的结果也符合这种情况，高分组（80 ~ 120 分）在 5 种学习策略上的使用频率都高于低分组（80 分以下），尤其在元认知策略（P = .000 < .05）和资源管理策略（P = .001 < .05）方面的差异显著。由此可见，有效的学习策略的使用，在一定程度上有助于提高英语成绩，采用学习策略的频繁度和适当性导致了学生之间英语成绩的差异性。

---

① 倪清泉："外语学习策略研究四十年"，载《四川外国语学院学报》2008 年第 6 期。

表 6.16　不同学习成绩学生在学习策略各因素的差异检验

	60 分以下 (N=94)	60~79 分 (N=155)	80~99 分 (N=75)	100~120 分 (N=13)	F	Sig.
	平均数（M）					
认知策略	2.9656	3.1280	3.2533	3.3462	3.739	.011
元认知策略	2.9979	3.2671	3.3253	3.6154	8.161	.000
情感型策略	2.9183	3.0535	3.2267	3.1758	3.717	.012
记忆策略	2.9794	3.1535	3.2427	3.5077	4.643	.003
资源管理策略	3.0520	3.3032	3.3273	3.5524	5.260	.001

二、相关系数与回归分析

普遍观点认为，元认知策略与外语成绩关系密切，但认知策略与外语成绩关系不显著。[1]　袁凤识和肖德法也调查了学习策略与 TEM4 的相关关系，在他们的调查中，只有元认知与成绩有显著相关性，而认知策略与成绩没有达到统计上的显著性。[2]

为了进一步了解学习策略与英语成绩之间的内在关系，我们使用斯皮尔曼等级相关系数对佤族中学生英语学习策略与英语水平之间的关系进行探讨。本次研究结果表明，元认知策略、记忆策略、认知策略和情感型策略、资源管理策略均与英语成绩之间的相关性达到了统计上的显著性，这说明学习策略与英语成绩之间存在着密切的关系。这与上述研究结果不同，也与国内学者的研究结果有出入。

表 6.17　学习策略与英语成绩之间的斯皮尔曼等级相关系数

学习策略类型		认知策略	元认知策略	情感型策略	记忆策略	资源管理策略
英语成绩	相关系数	.158（＊＊）	.221（＊＊）	.153（＊＊）	.173（＊＊）	.175（＊＊）
	显著性	.001	.000	.001	.000	.000

注：＊＊　p<0.01（双尾检验）；　＊　p<0.05（双尾检验）.

同时，我们还采用了多元回归分析，调查学习策略对佤族中学生英语成绩的预测程度（表 6.18）。结果表明，在多元回归关系中，仅有元认知策略进入回归方程，有 4.9% 的学习成绩变异得到解释，认知策略与高级英语成绩达到了统计上的显著性（F 检验 = 22.314，P = .000 < 0.05），这进一步证明了元认知策略对英语成绩具有预测作用。这一研究结果与前人的研究有所不同。[3]

① Purpuraje. An Analysis of the Relationship between Test – takers Cognitive and Metacognitive Strategy Use and Second Language Test Performance ［J］. Language Learning, 1997, 47（2）: 289~325.

② 袁凤识，肖德法："元认知策略在 TEM4 中的运用及其与成绩的关系研究"，载《外语与外语教学》2006 年第 6 期.

③ 陶延华："高级英语课程学习策略分析"，载《河北大学学报》（哲学社会科学版）2011 年第 3 期.

表 6.18　学习策略和英语成绩回归结果

	R	R²	调整 R²	估计标准误差	F	Sig.
元认知策略	.221（a）	.049	.047	.81157	22.314	.000（a）

* p < 0.05

第四节　民族认同

一、研究结果

（一）佤族中学生民族认同状态

对佤族中学生民族认同的调查数据从整体上进行描述性统计分析，描述性结果显示，佤族中学生民族认同的各维度均值 M 在 3.0410～3.8513，标准差 SD 在 .31108～.53421（表 6.19）。可见，从整体上看，佤族中学生对本民族和中华民族都有较高的认同，表现出积极的民族认同状态，但对本民族认同的得分极其显著地高于中华民族认同的得分。相对而言，佤族中学生对中华民族文化认同的得分最高，得分为 3.8513，而对中华民族的社会认同最低，得分为 3.041。

表 6.19　佤族中学生民族认同的整体描述性统计结果

分问卷及维度	最小值	最大值	均值（M）	标准差（SD）
本民族认同	1.28	4.86	3.5388	.39144
归属感	1.44	5.00	3.5090	.46085
文化认同	1.00	5.00	3.7689	.47094
社会认同	1.00	6.78	3.3504	.48691
中华民族认同	2.40	4.57	3.4154	.31108
归属感	2.22	5.00	3.8172	.47565
文化认同	2.13	5.00	3.8513	.53421
社会认同	2.00	4.50	3.0410	.35792

（二）双重民族认同的相关及差异检验

表 6.20　本民族认同与中华民族认同比较（N = 436）

		r	t	p
分问卷	本民族认同	.406 * *	6.638	.000
	中华民族认同			

续　表

维度		r	t	p
	本民族归属感	.238＊＊	−11.139	.000
	中华民族归属感			
	本民族文化认同	.414＊＊	−3.150	.002
	中华民族文化认同			
	本民族社会认同	.291＊＊	12.591	.000
	中华民族社会认同			

＊p＜0.05　　＊＊p＜0.01　　＊＊＊p＜0.001.

考虑到佤族中学生的民族认同存在身份的双重认同，即个体对本民族的认同和对中华民族的认同，用 Pearson 相关考察分量表及其相应维度之间的相关，并采用配对样本 t 检验分析两者是否存在差异。如表6.20所示，本民族认同和中华民族认同之间的相关系数为.406，对应的显著性水平为.000，即认为佤族中学生的本民族认同和中华民族认同之间呈高度的正相关，两者之间也存在着显著差异。同时，三个维度之间也存在着相关性，且本民族归属感和中华民族归属感和本民族社会认同和中华民族认同之间存在极其显著的差异（p＜0.001）。

（三）民族认同与民族区分的关系

民族区分是对本民族之外其他民族的接纳或排斥态度，主要是用于判断少数民族群体在认同本民族时对其他民族群体持什么样的态度。从表6.21可以看出，民族区分与本民族认同之间呈显著正相关（r＝.647，P＜0.001），且与三个维度之间达到了显著正相关。另外，民族区分与中华民族认同之间也是呈显著正相关（r＝.303，P＜0.001），但在中华民族社会认同维度上相关性很弱。

表6.21　民族认同与民族区分的相关（R 值）

	本民族认同			中华民族认同		
	归属感	文化认同	社会认同	归属感	文化认同	社会认同
民族区分	.451＊＊	.628＊＊	.577＊＊	.368＊＊	.372＊＊	.051
	.000	.000	.000	.000	.000	.289
相关系数 r	.647＊＊			.303＊＊		
显著性	.000			.000		

＊p＜0.05　　＊＊p＜0.01　　＊＊＊p＜0.001

（四）佤族中学生民族认同的差异比较

"民族认同"是一个多层次、多维度的概念，佤族中学生的民族认同受到不同背景变量的影响。按照本研究的设想，性别、年级、父母受教育程度及汉语的熟练程度等因素会影响佤族中学生的民族认同，甚至在某些维度上产生显著的差异性。为了弄清楚这些变量各自的影响作用，本研究采用单变量的方差分析，对民族认同的一些影响因素及多维变量进行了多重比较。

1. 性别因素

性别在中华民族认同和本民族认同上没有显著差异，只是男性在双重认同方面的平均得分都高于女性。但是，男女在本民族社会认同上存在着显著差异，F（4.963），P = .026 < .05，而在归属感和文化认同两个维度方面，男女没有显著差异，只是男女在文化认同上的得分都很高（表6.22）。

表6.22 性别对民族认同的影响的方差分析（F值）

	男（N = 206）		女（N = 231）		F	P
	M	SD	M	SD		
本民族认同	3.5569	.45952	3.5226	.31891	.836	.361
归属感	3.5189	.53740	3.5002	.38082	.178	.674
文化认同	3.7568	.52119	3.7797	.42197	.256	.613
社会认同	3.4051	.56566	3.3016	.39895	4.963	.026
中华民族认同	3.4218	.32296	3.4096	.30067	.165	.685
归属感	3.8004	.50802	3.8321	.44539	.483	.487
文化认同	3.8416	.55849	3.8598	.51265	.126	.722
社会认同	3.0734	.36484	3.0122	.34989	3.205	.074

* p < 0.05 * * p < 0.01 * * * p < 0.001

2. 年级因素

在本民族认同方面作比较，高中生（N = 225）和初中生（N = 215）没有显著差异，F（1.130），P = .051 > .05。比较四个维度的得分，发现本民族归属感有显著差异，F（.467），P = .025 < .05。在中华民族认同方面作比较，高中生和初中生没有显著差异，比较四个维度的得分，也没有发现显著差异，但是高中生四个维度的平均得分都高于初中生（见表6.23）。

表6.23 年级对民族认同的影响的方差分析（F值）

	初中生（N = 215）		高中生（N = 225）		F	P
	M	SD	M	SD		
本民族认同	3.5017	.37776	3.5747	.40184	1.130	.051
中华民族认同	3.3866	.33070	3.4432	.28884	4.962	.057

* p < 0.05 * * p < 0.01 * * * p < 0.001

3. 父母的受教育程度

父母的受教育程度对个体的本民族认同有显著作用，F（2.247），P = .049 < .05，并且，父母学历为本科以上的中学生得分显著高于父母学历为不识字、小学、初中或高中的。从三个维度来看，父母的学历对本民族归属感具有显著的差异，而另外两个维度则没有显著差异。但是，父母受教育程度对中华民族认同没有显著作用，F（1.846），P = .103 > .05，只是在中华民族社会认同维度上有显著差异，F（2.500），P = .030 < .05。

4. 汉语的熟练程度

从表6.24来看，汉语的熟练程度对本民族认同没有显著的影响，F（.769），P = .512 > .05，且在三个维度上也没有显著差异。但是，中华民族认同存在着显著差异，F（4.927），P = .002 < .05，并且在民族归属感和文化认同两个维度上差异性显著。

表6.24　汉语的熟练程度对民族认同影响的方差分析（F值）

汉语的熟练程度	本民族认同	中华民族认同
	M ± SD	M ± SD
流利	3.5530 ±.40332	3.4710 ±.32413
一般	3.5162 ±.38322	3.3570 ±.29501
不怎么流利	3.6334 ±.25604	3.3850 ±.20412
基本不会	3.4253 ±.78658	3.5143 ±.35109
F	.769	4.927
P	.512	.002

* p < 0.05　＊＊p < 0.01　＊＊＊p < 0.001.

（五）语言学习与民族认同的关系

根据表6.25，学习成绩在本民族认同上达到了统计上的显著性（P = .015 < .05）但在中华民族认同上没有显著性差异。从三个分问卷维度来看，学习成绩在本民族归属感、本民族文化认同以及中华民族社会认同上均达到了统计上的显著性，且高分组（80分以上）学生的均值总体上高于低分组（80分以下）的学生。

表6.25　不同学习成绩学生在民族认同各因素的差异检验

	60分以下 (N = 94)	60 ~ 79分 (N = 155)	80 ~ 99分 (N = 75)	100 ~ 120分 (N = 13)	F	Sig.
	平均数（M）					
本民族认同	3.5105	3.5063	3.6648	3.6207	3.535	.015
归属感	3.4622	3.4918	3.6459	3.6239	3.266	.021
文化认同	3.7376	3.7394	3.9107	3.7692	2.788	.040
社会认同	3.3499	3.2953	3.4504	3.4359	1.859	.136

续　表

	60 分以下 （N = 94）	60 ~ 79 分 （N = 155）	80 ~ 99 分 （N = 75）	100 ~ 120 分 （N = 13）	F	Sig.
	平均数（M）					
中华民族认同	3.3934	3.4120	3.4488	3.5912	2.016	.111
归属感	3.7686	3.8344	3.9096	3.8034	1.698	.167
文化认同	3.8241	3.8516	3.9100	3.9135	.526	.664
社会认同	3.0258	3.0266	3.0592	3.3365	3.270	.021

表 6.26 显示，虽然相关性较弱，但英语成绩与本民族认同之间仍呈显著正相关（r = .120，P = .120 < 0.001），与中华民族认同之间也呈显著正相关（r = .101，P = .035 < 0.001）。这说明民族认同对佤族中学生的英语成绩具有一定的影响作用。此外，从民族认同的三个维度来看，英语成绩在本民族归属感和本民族文化上达到了统计上的显著性，而与本民族社会认同、中华民族归属感、中华民族文化认同和中华民族社会认同之间不存在显著的相关性（见表 6.27）。

表 6.26　民族认同与英语成绩之间的斯皮尔曼等级相关系数

民族认同类型		本民族认同	中华民族认同
英语成绩	相关系数	.120（＊）	.101（＊）
	显著性	.012	.035

注：＊＊　p < 0.01（双尾检验）；　＊　p < 0.05（双尾检验）.

表 6.27　民族认同分问卷与英语成绩之间的斯皮尔曼等级相关系数

民族认同 分问卷类型		本民族认同			中华民族认同		
		本民族 归属感	本民族 文化认同	本民族 社会认同	中华民族 归属感	中华民族 文化认同	中华民族 社会认同
英语 成绩	相关系数	.134（＊＊）	.098（＊）	.056	.093	.058	.093
	显著性	.005	.041	.246	.053	.224	.053

注：＊＊　p < 0.01（双尾检验）；　＊　p < 0.05（双尾检验）.

二、讨论与分析

（一）佤族中学生民族认同的总体状况

在"一个有共同语言、共同地域、共同经济生活以及表现于共同文化上的共同心理素质的稳定的共同体"中，[①]　民族认同是一个多维度、多层次的复杂的动态过程。因此，

---

① 马克思，恩格斯，列宁，斯大林：《民族问题著作选》，北京：中央民族学院民族研究所，1982 年版，第 117 页。

本研究将民族认同的结构划分为三个维度：归属感、文化认同和社会认同，而归属感和文化认同是认同中最重要的部分。由于"认同"是一种情感、态度乃至认识的移入过程，[①]而"态度的本质是一种有组织的、持久的信念和情感，并使个体以某种特定的方式发生行为的倾向"。[②]因此，民族认同的核心应该是对本民族的归属感和对民族语言、民族文化和民族历史的认同。

研究表明，佤族中学生无论对本民族还是对中华民族认同，其均值都达到了"4.5"以上，可见，佤族中学生不仅一致认同本民族，对中华民族的认同也比较强，不具有明显的"种族中心"倾向。可以说，佤族中学生的双重民族认同状况是政治一体、文化多元的一种良好展现。[③]根据 Berry 的文化认同理论，佤族中学生对主流文化（即中华民族文化）采取了积极的整合方法，既对本民族具有强烈的从属、依恋和总体的热爱、自豪等情感，又很好地协调和适应主流文化，形成了一种相对和谐的民族关系。

（二）佤族中学生双重民族认同的相关性

研究结果还表明，佤族中学生的本民族认同和中华民族认同之间呈高度的正相关，两者之间也存在着显著差异。这反映了佤族中学生在认同本民族的同时，更多地将中华民族看做是一个民族统一体，从内心深处真正认为自己是该民族统一体的一员，而不是把中华民族视为"他民族"。因为佤族"和55个少数民族同属一个层次，他们相互结合而成为中华民族。中华民族是高一层次的民族实体，这个多元统一体有个凝聚的核心，就是华夏族团和后来的汉族……"[④]从这个意义上而言，佤族中学生对自己民族认同和中华民族认同之间不存在冲突，没有出现双重身份认同理论（即线性两极模型和二维模型）负相关现象。这实际也从实证上支持和论证了在中国发展多元文化、中华民族多元一体的理论，佤族中学生对本民族的认同高于对中华民族的认同这一特点其实并不会对地区和国家稳定造成威胁，更不会消弱对中华民族的认同。正如费孝通先生所述，中国传统社会的社会结构和人际关系的"格局不是一捆一捆扎清楚的柴，而是好像把一块石头丢在水面上所发生的一圈圈推出去的波纹，每个人都是他社会影响所推出去的圈子的中心，被圈子的波纹所推挤的就发生联系……"[⑤]而此格局是以家庭为核心的血缘关系、地缘关系，因此，佤族中学生也必然会首先对自己所属民族具有最强烈的认同感，其次才认同中华民族。

在三个维度上也呈高度的正相关性，尤其是佤族中学生对中华民族文化的认同极其显著地高于对本民族文化的认同。这说明佤族地区处于中国西南边疆地区，社会经济发展状况相对比较落后，佤族中学生对本民族的社会状况是比较担忧的，而对中华民族（国家）的社会状况和文化发展则持肯定的态度。这种文化认同上的差异也迫切要求国家进一步加大力度发展西南边疆少数民族地区的经济和教育，有效地改善少数民族地区的民生问题。

---

① 费穗宇，张潘仕：《社会心理学词典》，石家庄：河北人民出版社，1988年版，第45页。

② 周晓虹：《现代社会心理学——多维视野中的社会行为研究》，上海：上海人民出版社，1997年版，第196页。

③ 万明钢，王亚鹏："藏族大学生的民族认同"，载《心理学报》2004年第1期.

④ 费孝通：《简述我对民族研究经历与思考》，载《中央民族大学学报》（哲学社会科学版）2000年第1期。

⑤ 费孝通：《中华民族的多元一体格局》，载《北京大学学报》1989年第4期。

（三）民族区分与民族认同

早期的社会认同理论认为，认同的产生经历了社会分类（social categorization）、社会比较（social comparison）和积极区分（positive distinctiveness）三个基本的心理过程。其中，群体在进行群体间的区分之后，外群体成员势必面临低自尊或自尊遭受威胁的处境，群体间的偏见、敌意和冲突自然会相伴而生。[1]　由于个体对内群体的认同偏好，将导致对内群体作出积极的评价，对外群体则作出消极的评价甚至诋毁，以达到最终提高个体的自尊和社会地位。而文化适应理论则认为，某民族成员（特别是少数民族）对本民族及其文化的认同并不排斥其他民族的成员和文化。

从研究结果来看，民族区分与本民族认同、中华民族认同之间呈显著正相关，在两个维度上也呈显著正相关，只是在中华民族社会认同维度上相关性很弱。也就是说，佤族中学生对本民族身份的认同并不会排斥其他民族，而是以整合的策略适应了主流文化和其他民族文化。从以往的研究来看，民族区分态度的高低与否与本民族群体所处的社会环境也有关系，一个群体与外群体的了解和交流越多，越不容易对外群体有区分。我国一直实行民族区域自治政策，各民族大杂居、小聚居，交错居住的分布特点也促使各民族之间交流频繁，逐渐形成了文化认同，消除民族隔阂。

（四）佤族中学生民族认同的影响因素分析

在性别与民族认同的关系上，目前国内外的研究结果有些差异，在很多民族认同的研究中，性别不是一个显著的影响因素。[2]　本研究的研究结果发现，不同性别在本民族认同和中华民族认同上没有显著差异，只是在本民族社会认同上存在着显著差异，F（4.963），$P = .026 < .05$。这与以前的研究结果比较相似，而佤族男生之所以在本民族社会认同维度上得分明显高于女生，很可能是因为佤族世居于云南澜沧江和怒江流域的边远山区，自狩猎时代以来，男性就一直在社会生活、宗教生活中占据主导地位，而佤族女性则处于追随者的角色。这种历史缘由使得佤族社会的男性对本民族社会的认同感和归属感更为强烈，更倾向于维护本民族社会的独特性。

一般而言，年级越高，其与主流文化和汉文化接触的时间也越长，因而高年级的同学也就能比较全面而理智地看待民族文化，而年级对民族认同的影响可能主要是以接触汉文化的时间和年龄因素为中介变量对民族认同产生影响的。[3]　但本研究却发现，佤族高中生与初中生在本民族认同和中华民族认同上没有显著的差异，从三个维度来看，只发现在本民族归属感上有显著差异，F（.467），$P = .025 < .05$，高中生对本民族的归属感更为强烈。由此可见，佤族中学生的民族认同与年级并不存在着正比例的关系，不会随着与主流文化接触时间的长短而发生变化，相反，高年级的学生对本民族的认识和了解会促使其更认同自己的民族身份。

---

①　雷开春："城市新移民的社会认同研究"，上海大学博士学位论文，2009年，第10页。

②　Jeans P. The Multi – group Ethnic Identity Measure：A new Scale for Use, with Diverse Groups ［J］. *Journal of Adolescent Research*, 1992, 7（2）：156~176；Verkuyten, M. & Wolf de A. (2002). Ethnic Minority Identity and Group Context：Self – descriptions, Acculturation Attitudes and Group Evaluations in an Intra – and Inter – group Situation ［J］. *European Journal of Social Psychology*, 32, 781~800。

③　万明钢，王亚鹏："藏族大学生的民族认同"，载《心理学报》2004年第1期。

在父母受教育程度方面，父母的教育程度越高，其子女在本民族认同上的得分就越高，可见，父母的教育程度对民族认同有显著的影响，但在中华民族认同上不存在着差异。Dennedy－Frank（1982）对美国墨西哥移民的研究也得出相似的结论，对本民族认同较高的父母对其子女的期望会促使子女表现出对本民族有较高的认同水平。[①] 父母受教育程度越高，接触主流文化和民族多元化的机会越多，也更能认识到主流文化对本民族的冲击与影响，能够理智地看待少数民族文化与主流文化之间的关系。同时，受教育程度高的父母对本民族的历史、文化和传统更为知晓，会更多地将自身的民族身份与本民族文化传递给下一代。

汉语熟悉程度在本民族认同上没有显著的差异，但在中华民族认同上存在着显著的差异，F（4.927），$P = .002 < .05$。由于民族大杂居、小聚居，交错居住的民族分布格局，佤族中学生接触汉族文化的机会比较多，各个民族之间的交流与接触也比较频繁，被试的佤族中学生（95%）基本上都能很熟练地使用汉语。汉语熟练程度越高的佤族中学生接触汉族文化就越多，对汉文化的历史和传统也了解更多，因此对中华民族的认同程度也更高。

（五）语言学习与民族认同的关系分析

国内外有关语言学习与民族认同的关系研究不多，国内已有的研究主要关注民族教育与民族认同的关系，尚未深入地探索语言学习与民族认同之间的相关性。国外学者主要对语言学习与自我认同作了深入的研究，Lambert（1969）提出的"社会心理模式"，是"有关双语发展与自我认同改变的理论"。社会心理模式主张第二语言学习会影响到学习者自我认同的转变，产生附加性或消减性双语现象。Lambert（1969）认为，对于中级以下水平的学习者来说，融合型倾向有助于激励他在发音和语义结构上努力达到并保持与目的语成员一致；但到了学习的高级阶段，具有融合型倾向的学习者却容易产生消减性双语的学习结果，而且越精通另一门语言，越感到与本民族文化群体的疏离，并为此感到懊恼、遗憾，在融入新群体的同时产生一种恐惧感。[②] 在国内，仅有高一虹等对学习动机与自我认同之间的关系进行了一些颇有价值的研究，高一虹提出的"生产性双语现象"，其实证基础主要是来自对中国52名"最佳外语学习者"的开放式访谈。

本研究结果表明，不同学习成绩的学生在本民族认同上存在着显著的差异性，且与本民族认同和中华民族认同之间仍呈显著正相关。可见，学习成绩越好，对本民族的认同也越强烈，这可能是第二语言的"学习会影响到学习者自我认同的转变，产生附加性"，使之更为认同本民族，尤其是在本民族归属感、本民族文化认同方面。

---

① 秦向荣："中国11至20岁青少年的民族认同及其发展"，华东师范大学硕士学位论文，2005年，第57页。

② 高一虹等：《中国大学生英语学习社会心理——学习动机与自我认同研究》，北京：外语教学与研究出版社，2007年版，第14页。

第七章 研究结论

第一节 主要研究发现及启示

一、主要研究发现

(一) 问卷的信度

总问卷量表具有较高的信度（Alpha = .9554），通过因子分析，四个分问卷量表的信度也比较良好，保证了问卷质量和研究结果的可信度。

(二) 学习动机分问卷的主要研究结论

(1) 佤族中学生的学习动机类型主要包括五个动机因子，即内部动机、外部动机、融合型动机、家长鼓励动机和教学动机。在所有动机类型中，得分最高的因子是家长鼓励动机（3.593）和融合型动机（3.592），而得分最低的因子是教学动机（3.1339）。

(2) 不同组别的学习动机类型的多元方差分析结果表明，性别、年级、学校所在地、英语成绩与动机类型之间有显著的主效应。

(3) 皮尔逊相关系数表明，英语成绩与内部动机、融合型动机、外部动机和教学动机有显著的正相关性，而与家长鼓励之间不存在显著的关系。

(三) 自主学习分问卷的主要研究结论

(1) 经过因子分析，自主学习问卷所有问题可归纳为四个动机因子，即主体意识、自我监控、学习策略和记忆策略。四种自主学习类型的均值在 2.8 ~ 3.2，得分最高的因子是记忆策略（M = 3.1550），得分最低的因子是主体意识（M = 2.8658），总体得分都是比较低的。

(2) 对自主学习各类型的影响因素的研究结果表明，性别在学习类型上的差异没有达到统计上的显著性；不同年级中学生在主体意识（P = .000 < .05）、自我监控（P = .027 < .05）和记忆策略（P = .000 < .05）三个维度上均表现出了极显著的差异，且初中生在四种自主学习类型上的均值都要高于高中生；不同生长环境的中学生在自主学习的主体意识（P = .019 < .05）上具有显著差异，而在自我监控、学习策略和记忆策略上没有显著的差异；不同学习成绩的学生在主体意识、自我监控、学习策略和记忆策略上均达到了统计上的显著性。

(3) 通过斯皮尔曼等级相关系数分析，我们发现，佤族中学生的英语学习成绩与主体意识、自我监控、学习策略和记忆策略之间均存在显著的正相关性，两者之间具有密切的关系。

（四）学习策略分问卷的主要研究结论

（1）佤族中学生的学习策略包括五种学习策略，即资源管理策略、元认知策略、记忆策略、认知策略和情感型策略，其均值都在 3.0 ~ 3.3，学生的学习策略使用意识总体不高，尤其是情感型策略使用的频率较低，均值 M = 3.0268。五种学习策略的均值从高到低依次是：资源管理策略、元认知策略、记忆策略、认知策略和情感型策略。

（2）性别在学习策略上没有显著差异，不同年级只在资源管理策略（P = .003 < .05）上存在显著的差异，高分组（80 ~ 120 分）在五种学习策略上的使用频率都高于低分组（80 分以下），尤其在元认知策略（P = .000 < .05）和资源管理策略（P = .001 < .05）方面的差异显著。

（3）元认知策略、记忆策略、认知策略和情感型策略、资源管理策略均与英语成绩之间的相关性达到了统计上的显著性，在多元回归关系中，仅有元认知策略进入回归方程，对英语成绩具有预测作用。

（五）民族认同分问卷的主要研究结论

（1）总体上，佤族中学生民族认同呈现一种积极的认同状态，对本民族身份和中华民族的认同都比较强，并且本民族认同和中华民族认同之间呈高度的正相关，两者之间也存在着显著差异。

（2）佤族中学生的民族身份并不会对其他民族有排斥，而是以整合的策略适应了主流文化和其他民族文化。

（3）性别和年龄对民族认同没有显著的影响，只是在某一认同维度上或多或少地存在一定的影响，但父母受教育程度和佤族中学生自身的汉语熟练程度分别在本民族认同和中华民族认同上具有显著的影响。

（4）不同学习成绩的学生在本民族认同上存在着显著的差异性，且与本民族认同和中华民族认同之间仍呈显著正相关。

二、研究启示

社会发生的急速变化已经引发了全球性的"学习的革命"，学会学习、终身学习、创新学习、自主学习等新的学习观正在被广泛接受。作为"学会学习"核心要素的学习策略，无疑应该引起教育者和学习者的充分关注。《普通高中英语课程标准》中已明确地把掌握学习策略规定为英语教育的主要目标之一，只是中学教育作为现代学校教育的重要组成部分，"费时低效、学生两极分化"仍然是我国中学外语教学的一个突出问题，它的发展也必须适应时代发展的需要，中学阶段又是个体形成有效的学习策略的重要时期，因而需要为学生的学习策略的学习提供有力的支持。基于本研究的结果，我们建议：

（一）进行少数民族中学生学习指导，传授自主学习与学习策略的相关知识

国内外学者诸多关于学习策略的研究及训练的结果已表明学习策略的可教性。豪佛（Hofer et al, 1998）等指出，中学生已经具备了关于某些学习策略的知识以及对策略的自我调节能力，这使得中学生更容易从策略教学中获益，也可以减少有效的策略教学所需要

的时间。① 但是，云南佤族处于西南边疆地区，经济文化相对比较落后，学生的学习热情不高，他们对自己通过上学而改变命运的期望值较低，更谈不上学习策略的学习和自主学习能力的提升。因此，与我国沿海发达地区的非少数民族学生相比，要改善佤族中学生对学习策略、自主学习的看法以及他们对学习策略的实际运用，都存在一定困难。然而，我们认为，以佤族中学生的现实情况，中学教师应该在对中学生进行学习策略训练和自主学习能力培养过程中采取分层教学的方式，在佤族中学生中进行学习策略和自主学习测评，对学生的现有学习水平和能力实施分层教学，结合中学生自主学习策略方面存在的具体问题，弥补缺陷。比如，教授学生如何监控学习过程、调节学习情绪、改善精细加工和组织策略、合理安排时间，如何利用图书资料等内容。②

（二）改进教学方法，培养学生的自主学习能力，充分使用有效的学习策略

除了开设专门的学习策略指导课之外，通过学科教学渗透学习策略也是一种教学模式。在我国的学校课堂上，仍以教师的讲授式教学法为主，特别在中小学尤其明显。因此，中学教师在课堂上必须确立学生的主体地位，注重学生英语学习策略的培养。在课堂上，无论教师讲得多么精彩，如果不让学生进行实际练习，也培养不出学生的英语实际应用能力。学生应是教学过程积极、主动的参与者，而教师只是设计者和指导者。③ 教师在教学过程中不仅要注重专业知识的传授，而且还要结合专业特点，教给学生一定的学习方法。把学生的学置于教学的核心地位，指导学生完成确定目标、自学内容、集体讨论等教学环节，培养他们的观察能力、思维能力、动手能力，充分激发学生的学习动机，发挥学生的主观能动性，调动学生的学习兴趣，做到教学内容与学习策略的培养相结合，让学生在掌握学习内容的过程中学会学习。

（三）开展传统民族文化教育，增强中学生的民族认同与国家认同

学校教育是学生学习民族历史文化最重要的途径。在边疆民族地区，虽然少数民族的历史文化知识已经列入中学教育的地方课程内容，但是地方课程还没有形成体系，学校教育中的课程还主要拘泥于"国家课程＋民族语文课"的体系中，并且本民族教育内容的重点还主要集中于民族语言与文字的学习。④ 因此，在国家课程的基础上，开展地方民族类课程，是促进人的普遍性发展和地方性发展的统一，实现真正的人的全面提升的最有效途径。佤族地区应该充分利用佤族地方特色的传统文化资源，开发地方课程，将佤族的传统文化和民族传说故事纳入中学教材。佤族中学生的总体民族认同状态良好，但调查结果发现，很多佤族中学生对本民族和中华民族的传统故事、传统文化以及民族语言都不太了解，缺乏系统的学习和教育。因此，在边疆民族地区开展传统民族文化的教育是非常必要的，是增强中学生民族认同与国家认同的必经之路，这不仅适用于佤族地区，也同样适用于其他少数民族聚居地区。

---

① 刘宁宁："大学生自主学习策略及其影响因素研究"，华东师范大学硕士学位论文，2009年，第41页。

② 刘宁宁："大学生自主学习策略及其影响因素研究"，华东师范大学硕士学位论文，2009年，第41页。

③ 赵颖彩："关于大学生英语学习策略的研究"，载《现代教育科学》2009年第1期。

④ 张贺："延吉市朝鲜族初中生民族认同研究"，延边大学硕士论文，2008年，第38页。

第二节　研究的局限性及今后研究的方向

本研究在得出有价值的结论的同时，也发现诸多不足，同时也为今后的研究指明了方向。

一、样本代表性

本研究仅针对云南省西盟佤族自治县和沧源佤族自治县的三所中学的 437 名佤族中学生进行了抽样调查，研究的样本数量较少，未能扩展到其他少数民族学生或汉族学生，缺乏少数民族之间跨文化的比较，在样本的代表性上不可避免地存在着局限性，因此，研究的信度和效度可能会受到影响。今后的研究将把样本扩展到边疆民族地区的其他少数民族，包括汉族，以进一步比较不同民族的中学生在语言学习动机、策略和民族认同上的差异性。

二、调查问卷的可信度

本研究使用了自行编制的"佤族学生语言学习与民族认同调查问卷"，尽管统计结果显示调查问卷在总体上具有较好的信度和效度，但仍然表现出一定程度的不适用性。后续研究将对少数民族中学生学习动机和学校策略结构模型进行反复验证，及时修改"少数民族中学生语言学习与民族认同调查问卷"。

三、理论研究的运用

本研究在研究过程中侧重于佤族中学生的语言学习与民族认同实证研究，在语言学习理论和民族认同理论的结合方面有所欠缺，未能充分地将国内外的相关理论运用于本研究中。因此，后续研究将更加注重理论研究与实证分析的结合，以国内外相关理论作为实证研究的支撑。

四、测量技术

关于语言学习和民族认同的测量设定，一种是直接测量，另一种是间接测量。本研究采用了直接测量的方式，即通过问卷调研，但缺乏更多的实验研究、个案研究或者混合法研究。同时，本研究在统计方法上仅采用了信度分析、均值分析、相关性分析和线性回归分析，其他一些更为专业的统计方法尚未很好地运用于研究。后续的研究将侧重于一些因变量、自变量之间的模型分析，以更深入地研究少数民族中学生的语言学习与民族认同问题。

参考文献

［1］［美］J. W. 波特金著，林均译：《回答未来的挑战》，上海：上海人民出版社，1984 年版。

［2］马戎：《民族与社会发展》，北京：民族出版社，2001 年版。

［3］哈经雄，滕星：《民族教育学通论》，北京：教育科学出版社，2001 年版。

［4］胡书津："试论我国民族教育与民族语言的关系"，载《西南民族学院学报》（哲学社会科学版）1996 年第 3 期。

［5］谢启晃，孙若穷：《中国民族教育发展战略抉择》，北京：中央民族学院出版社，1997 年版。

［6］《佤族简史》编写组：《佤族简史》，北京：民族出版社，2008 年版。

［7］郭锐：《佤族木鼓的文化链接》，昆明：云南大学出版社，2009 年版。

［8］左永平等：《佤族文化研究丛书》，昆明：云南大学出版社，2008 年版。

［9］田继周，罗之基：《民族知识丛书：佤族》，北京：民族出版社，1996 年版。

［10］段世林：《佤族历史文化探秘》，昆明：云南大学出版社，2007 年版。

［11］袁娥："佤族文化中的国家认同实证考量"，载《云南民族大学学报》（哲学社会科学版）2011 年第 2 期。

［12］吴晓琳："翁丁佤族仪式馈赠研究"，载《思想战线》2009 年第 2 期。

［13］赵秀兰，安晓红："论傣语借词在佤族文学中的审美意义——以沧源县班列村〈结婚祝酒辞〉为例"，载《民族文学研究》2009 年第 3 期。

［14］郭锐："佤族木鼓文化研究综述"，载《黑龙江民族丛刊》2006 年第 2 期。

［15］杜巍："古典神话与佤族活形神话"，载《云南民族大学学报》（哲学社会科学版），2011 年第 2 期。

［16］马建雄："性别比、婚姻挤压与妇女迁移——以拉祜族和佤族之例看少数民族妇女的婚姻迁移问题"，载《广西民族学院学报》（哲学社会科学版）2004 年第 4 期。

［17］白志红，李文钢："佤族男性婚姻挤压及夫妻年龄差研究"，载《西南民族大学学报》（人文社会科学版），2011 年第 8 期。

［18］樊华，章涤凡："在'水'中保护 在'用'中发展——以翁丁佤族原生态民族文化的保护与开发为例"，载《云南社会科学》2011 年第 3 期。

［19］何明，袁娥："佤族流动人口的文化适应研究——以云南省西盟县大马散村为例"，载《西南民族大学学报》（人文社会科学版）2009 年第 12 期。

［20］杨国才，张桔："社会性别视野下的佤族妇女宗教信仰"，载《中央民族大学》（哲学社会科学版）2007 年第 1 期。

［21］陶德清：《学习态度的理论与研究》，广州：广东人民出版社，2001 年版。

［22］时蓉华：《社会心理学》，上海：上海人民出版社，1986 年版。

［23］周智忠："高中生英语学习观念的调查和研究"，载《中小学英语教学研究》2005 年第 8 期。

［24］于学勇："性别与二语习得能力关联研究"，载《外语与外语教学》，2005 年第 8 期。

［25］Ellis, Rod.（1994）. The study of second language acquisition. Oxford：OUP. Shaihai：Shanghai Foreign Language Education Press, 1999.

［26］钱旭菁：《外国留学生学习汉语时的焦虑》［M］，北京：华语教育出版社，1999 年版。

［27］张莉，王飙："留学生汉语焦虑感与成绩相关分析及教学对策"，载《语言教学与研究》2002 年第 1 期。

［28］何干俊："论影响留学生掌握汉语的几个因素"，载《江西社会科学》2002 年第 9 期。

［29］曹贤文，吴淮南："留学生的几个个体差异变量与学习成就的相关分析"，载《暨南大学华文学院学报》2002 年第 3 期。

［30］冯小钉："短期留学生学习动机的调查分析"，载《云南师范大学学报》（对外汉语教学与研究版）2003 年第 2 期。

［31］倪传斌，志刚，王际平，姜孟："外国留学生的汉语语言态度调查"，载《语言教学与研究》2004 年第 4 期。

［32］张燚，任晔，安胜昔，姜轶群："新疆少数民族大学生英语学习态度动机调查"，载《北京教育学院学报》2004 年第 1 期．

［33］原一川，尚云等："东南亚留学生汉语学习态度和动机实证研究"，载《云南师范大学学报》2008 年第 3 期。

［34］［美］J. L. 弗里德曼等著，高地、高佳等译：《社会心理学》，哈尔滨：黑龙江人民出版社，1986 年版。

［35］［苏］列维托夫著，北京编译社译：《儿童教育心理学》，北京：人民教育出版社 1960 年版。

［36］陈中永：《现代心理学》，内蒙古大学出版社，1994 年版。

［37］高一虹，赵媛，程英，周燕："中国大学本科生英语学习动机类型"，载《现代外语》2003 年第 1 期。

［38］文秋芳：《英语学习策略论》，上海：上海外语教育出版社，1995 年版。

［39］吴一安，刘润清，Jeffrey 等："中国英语本科学生素质调查报告"，载《外语教学与研究》1993 年第 1 期。

［40］李昆，俞理明："大学生英语学习动机、自我效能感和归因与自主学习行为的关系研究"，载《外语教学理论与实践》2008 年第 2 期。

［41］饶耀平，王晓青："外语学习动机与英语专业学生英语成绩的关系初探"，载《中国外语教学》2009 年第 2 期。

［42］刘润清，吴一安等："高校英语本科教育抽样调查报告"，载《外语教学与研究》1989 年第 1 期。

［43］文秋芳，王立非：《英语学习策略实证研究》，西安：陕西师范大学出版社，2004 年版。

［44］杨红艳："中国少数民族学生英语语言习得策略"，载《云南民族大学学报》（哲学社会科学版）2005 年第 4 期。

［45］燕国材：《非智力因素》，上海：上海教育出版社，2006 年版。

［46］皮连生：《学与教的心理学》，上海：华东师范大学出版社，2009 年版。

［47］姚梅林：《学习规律》，北京：北京教育科学出版社，1997 年版。

［48］庞维国："自主学习理论的新进展"，载《华东师范大学学报》1999 年第 3 期。

［49］余文森："论自主、合作、探究学习"，载《教育研究》2004 年第 11 期。

［50］余文森等："让学生发挥自学潜能，让课堂焕发生命活力"，载《教育研究》1999 年第 3 期。

［51］董奇，周勇："论学生学习的自我监控"，载《北京师范大学学报》（社会科学版）1994 年第 1 期。

［52］周国韬："自我调节学习论"，载《外国教育资料》1995 年第 1 期。

［53］何巧燕，何基生："关于'导向型自主学习'概念的探讨"，载《河北师范大学学报》2009 年第 2 期。

［54］刘娜："自我调节学习的自我实现循环模式"，载《安徽农业大学学报》（社会科学版）2001 年第 4 期。

［55］庞维国："中学生自主学习教学指导模式研究"，载《心理科学》2003 年第 2 期。

［56］费惠宇，张潘仕：《社会心理学辞典》，石家庄：河北人民出版社，1988 版。

［57］车文博：《弗洛伊德主义原理选辑》，沈阳：辽宁人民出版社，1988 版。

［58］［美］卢文格，李维译：《自我的发展》，沈阳：辽宁人民出版社，1989 年版。

［59］［英］马凌诺斯基，费孝通译：《文化论》，北京：华夏出版社，2002 年版。

［60］王希恩：《民族过程与国家》，兰州：甘肃人民出版社，1997 版。

［61］陈丽华："台北市阿美族学童族群认同发展之研究"，载《人文社会科学》1999 年第 9 期。

［62］庄锡昌：《多维视野中的文化理论》，杭州：浙江人民出版社，1987 年版。

［63］李远龙："广西防城港市的族群认同"，载《广西民族学院学报》（哲学社会科学版）1999 年第 1 期。

［64］万明钢：《多元文化视野价值观与民族认同研究》，北京：民族出版社，2006 年版。

［65］黄贵权：《瑶族志：香碗——云南瑶族文化与民族认同》，昆明：云南大学出版社，2009 年版。

［66］张丽剑：《散杂居背景下的族群认同：湖南桑植白族研究》，北京：民族出版社，2009 年版。

［67］解志苹，吴开松："全球化背景下国家认同的重塑——基于地域认同、民族认同、国家认同的良性互动"，载《青海民族研究》2009 年第 4 期。

［68］徐黎丽："论多民族国家中民族认同与国家认同的冲突——以中国为例"，载

《西北师范大学》（社会科学版）2011 年第 1 期。

[69] 冯光："民族认同的交往和经济规律与改革开放条件下的中华民族认同"，载《贵州民族研究》2009 年第 6 期。

[70] 覃乃昌："从族群认同走向民族认同——20 世纪中后期广西的民族识别研究之三"，载《广西民族研究》2009 年第 3 期。

[71] 何群："论民族认同性与多民族国家民族政策的成功调整"，载《内蒙古大学学报》2001 年第 1 期。

[72] 贺金瑞，燕继荣："论从民族认同到国家认同"，载《中央民族大学学报》（哲学社会科学版）2008 年第 3 期。

[73] 张宝成："民族认同与国家认同之比较"，载《贵州民族研究》2010 年第 3 期。

[74] 徐黎丽："论多民族国家中民族认同与国家认同的冲突——以中国为例"，载《西北师大学报》（社会科学版）2011 年第 1 期。

[75] 余潇枫："'认同危机'与国家安全——评享廷顿《我们是谁》"，载《毛泽东邓小平理论研究》2006 年第 1 期。

[76] 徐黎丽："影响西北边疆地区民族关系的变量分析"，载《云南师范大学学报》2009 年第 3 期。

[77] 谷家荣：《滇边跨境民族研究六十年的回顾与前瞻》，载《学术探索》2010 年第 4 期。

[78] 万明钢，王亚鹏："藏族大学生的民族认同"，载《心理学报》2004 年第 1 期。

[79] 李红杰："全球化、民族要素的相对性与当代族群关系的特点"，载《中南民族学院学报》2002 年第 1 期。

[80] 陈新仁主编：《全球化语境下的外语教育与民族认同》，北京：高等教育出版社，2008 年版。

[81] 张立军、曲铁华："社会和谐发展的民族认同及其教育研究"，载《东北师范大学学报》（哲学社会科学版）2011 年第 2 期。

[82] 厦桂霞："应重视多民族国家青少年的国家意识认同教育"，载《民族教育研究》2010 年第 4 期。

[83] 王亚鹏，万明钢："民族认同研究及其对我国民族教育的启示"，载《比较教育研究》2004 年第 8 期。

[84] 张慧真："教育与民族认同：贵州石门坎花苗族群认同的建构"，载《广西民族学院学报》2002 年第 4 期。

[85] 云南编辑组：《佤族社会历史调查》，昆明：云南人民出版社，1987 年版。

[86] 杨宝康："佤族"，载《中国佤族"司岗里"与传统文化学术研讨会论文集》，云南人民出版社，2009 年版。

[87]（唐）樊绰：《蛮书》，卷 4，北京：中华书局，1962 年版。

[88]（明）李思聪：《百夷传》，见景泰《云南图经志书》，卷 10。

[89]（清）曹树翘：《滇南杂志》，卷 24，《续云南通志稿》，卷 162。

[90] 桑耀华："茫蛮和金齿族属试论"，《云南社会科学》1983 年第 3 期。

[91] 国家民委：《中央访问团第二分团·云南民族情况汇集》（下），昆明：云南民

族出版社，1986 年版。

[92] 李娅玲："游走于神圣与世俗之间——西盟佤族魔巴流变述论"，载《中国佤族"司岗里"与传统文化学术研讨会论文集》，云南人民出版社，2009 年版。

[93] 韩学军：《佤族村寨与佤族传统文化》，成都：四川大学出版社，2007 年版。

[94] 魏德明：《佤族文化史》，昆明：云南民族出版社，2001 年版。

[95] 《西盟佤族自治县概况》编写组：《西盟佤族自治县概况》，北京：民族出版社，2008 年版。

[96] 西盟佤族自治县志编撰委员会：《西盟佤族自治县志》，昆明：云南人民出版社，1997 年版。

[97] 《沧源佤族自治县概况》编写组：《沧源佤族自治县概况》，北京：民族出版社，2008 年版。

[98] 沧源佤族自治县地方志编撰委员会：《沧源佤族自治县志》，昆明：云南民族出版社，1997 年版。

[99] 高一虹，赵媛，程英，周燕："中国大学本科生英语学习动机类型"，载《现代外语》2003 年第 1 期。

[100] 原一川，L. Lloyd，尚云，袁开春，黄炜："云南少数民族学生英语学习动机与英语成绩关系实证研究"，载《云南师范大学学报》（哲学社会科学版）2009 年第 1 期。

[101] Dornyei, Z. （1990）. *Conceptualizing motivation in foreign - language learning* [J]. *Language Learning*：45~78.

[102] 束定芳，庄智象：《现代外语教学：理论、实践与方法》，上海：上海外语教育出版社，1999 年版。

[103] Noel, K. A. （2002）. *New Orientations in language learning motivation：Toward a model of instrinsic, extrinsic, and motivation. In Z. Dornyei and R. Schmidt（Eds.）, Motivation and second language acquisition* [J]. Honolulu：Univeristy of Hawai'Ⅰ at Manoa.

[104] 原一川：《少数民族学生英语学习态度和动机实证研究》，上海：上海外语教育出版社，2007 年版。

[105] Holec H. *Autonomy in Foreign Language Learning* [J]. Oxford：pergamon, 1981.

[106] Boud D. *Moving Towards Autonomy. Boud, Developing Student Autonomy* [J]. London：Kogapage, 1988.

[107] Thomson CK. *Self-assessment in Self-Directed Learning：Issues of Learner Diversity. Pembertoetal Taking Control：Autonomy in Language learning* [M]. Hong Kong University Press, 1996.

[108] 庞维国：《自主学习：学与教的原理和策略》，上海：华东师范大学出版社 2003 年版。

[109] 倪清泉："外语学习策略研究四十年"，载《四川外国语学院学报》2008 年第 6 期。

[110] 李佳："英语专业新生自主学习情况的调查研究"，载《西南民族大学学报》（人文社会科学版）2010 年第 4 期。

[111] Oxford. R. L.：*Language Learning strategies：What Every Teacher School Know* [M]

. New York：Newbury House Publishers. 1990。

[112] 罗红芳："非英语专业大学生英语学习策略使用差异研究"，载《中国成人教育》2010 年第 15 期。

[113] Purpuraje. *An Analysis of the Relationship between Test – takers'Cognitive and Metacognitive Strategy Use and Second Language TestPerformance*［J］. *Language Learning*，1997，47（2）。

[114] 袁凤识，肖德法："元认知策略在 TEM4 中的运用及其与成绩的关系研究"，载《外语与外语教学》2006 年第 6 期。

[115] 陶延华："高级英语课程学习策略分析"，载《河北大学学报》（哲学社会科学版）2011 年第 3 期。

[116] 马克思，恩格斯，列宁，斯大林：《民族问题著作选》，北京：中央民族学院民族研究所，1982 版。

[117] 费穗宇，张潘仕：《社会心理学词典》，石家庄：河北人民出版社，1988年版。

[118] 周晓虹：《现代社会心理学——多维视野中的社会行为研究》，上海：上海人民出版社，1997 年版。

[119] 万明钢，王亚鹏：《藏族大学生的民族认同》，载《心理学报》2004 年第1 期。

[120] 费孝通：《简述我对民族研究经历与思考》，载《中央民族大学学报》（哲学社会科学版）2000 年第 1 期。

[121] 费孝通：《中华民族的多元一体格局》，载《北京大学学报》1989 年第 4 期。

[122] Jeans P. TheMulti – group Ethnic Identity Measure：A New Scale for Use, with Diverse Groups. *Journal of Adolescent Research*，1992，7（2）：156 ~ 176；Verkuyten, M. & Wolf de A.（2002）. Ethnic Minority Identity and Group Context：Self – descriptions, Acculturation Attitudes and Group Evaluations in an Intra – and Inter – group Situation［J］. *European journal of social psychology*，32。

[123] 高一虹等：《中国大学生英语学习社会心理——学习动机与自我认同研究》，北京：外语教学与研究出版社，2007 年版。

[124] 赵颖彩："关于大学生英语学习策略的研究"，载《现代教育科学》2009 年第1 期。

附录 佤族学生语言学习与民族认同调查问卷

提示：

★你被要求完成的这份问卷是云南佤族中学生英语学习研究的一部分。所填内容保密，仅用于本研究项目。

★填写此表时，请务必准确、真实地回答问题，这将有助于保证调查结果的有效性。如有疑问，请举手，在场的老师会给予帮助。

★仅限佤族初二和高二学生填写问卷。

第一部分：请仔细阅读以下内容，回答时填空或圈画最符合你的情况的答案。

1. 学校名称： 学校所在地：A. 县城 B. 农村/乡镇

 填表日期 年 月 日

2. 所在年级：A. 初中 B. 高中

3. 性别：A. 男 B. 女；年龄：_____

4. 民族：A. 父亲 _____ B. 母亲_____

5. 家庭住址：A. 城市（县城或以上城市） B. 乡镇 C. 村子 D. 边境乡镇

 E. 只有少数民族居住的地区 F. 汉族与少数民族杂居地区

6. 家长职业：

 （1）父亲：A. 工人 B. 农民 C. 军人 D. 政府职员 E. 教师

 F. 个体户 G. 其他（请做说明_____）

 （2）母亲：A. 工人 B. 农民 C. 军人 D. 政府职员 E. 教师

 F. 个体户 G. 其他（请做说明_____）

7. 家长学历：

 （1）父亲：A. 不识字 B. 小学 C. 初中 D. 高中 E. 大学 F. 研究生

 （2）母亲：A. 不识字 B. 小学 C. 初中 D. 高中 E. 大学 F. 研究生

8. 本人所讲的语言：A. 佤语 B. 汉语 C. 英语

9. 本学期你的期中英语成绩：_____分；试卷总分120分

10. 其他：

 （1）你几岁开始上学？

 A. 6岁或以下 B. 7岁 C. 8岁 D. 9岁或以上

 （2）你开始上学时会讲汉语吗？

 A. 一点不会 B. 会一点 C. 会讲

 （3）你小学一年级时语文老师用哪种语言给你们上课？

 A. 汉语普通话 B. 汉语方言 C. 佤语 D. 一半汉语一半佤语

（4）你的语文老师在你上几年级时讲课全部用汉语？

A. 一年级　B. 二年级　C. 三年级　D. 其他年级

（5）你当时能听懂老师用汉语讲的课吗？

A. 一点都听不懂　B. 能听懂一点点　C. 几乎能全部听懂

（6）你会写你自己的民族文字吗？

A. 会　B. 不会　C. 会一点

11. 学习英语的年限：1　2　3　4　5　6　7　8　9 或以上

12. 你讲下面这几门语言的程度如何（在方框内打"√"）：

语言	流利	一般	不怎么流利	基本不会
汉语（普通话）				
佤语				
英语				

第二部分：请阅读左边栏里的观点，然后在最符合你的情况的部分画圈。

1 = 完全不符合；2 = 不符合；3 = 不确定；4 = 符合；5 = 完全符合；

表　述	选择项
1. 我真的喜欢学英语。	1　2　3　4　5
2. 学习英语重要，仅仅因为是升学考试的必考科目。	1　2　3　4　5
3. 学习英语对我重要，因为这将使我能够像讲英语国家的人那样去思维和表现。	1　2　3　4　5
4. 学好英语，我才能很好地为我国的富强尽力。	1　2　3　4　5
5. 学好英语对我很重要，因为它是当今社会非常有用的交流工具。	1　2　3　4　5
6. 我的老师的确鼓励我学习英语。	1　2　3　4　5
7. 如果懂一门外语，别人将对我更加尊重我。	1　2　3　4　5
8. 我对英语一见钟情，说不出有什么特别的原因。	1　2　3　4　5
9. 我学习英语是为了出国寻找更好的受教育和工作机会。	1　2　3　4　5
10. 我的英语成绩好。	1　2　3　4　5
11. 我的老师强调毕业后英语对我的重要性。	1　2　3　4　5
12. 我学习英语是为了出国亲身体验讲英语国家的文化。	1　2　3　4　5
13. 学习英语对我重要，能让我获得成就感。	1　2　3　4　5
14. 我学习英语是为了更好地了解世界各国。	1　2　3　4　5
15. 我相信我会学好英语这门课。	1　2　3　4　5
16. 我父母的确鼓励我学习英语。	1　2　3　4　5
17. 学习英语对我重要，因为将使我能够更加自由地参加讲英语国家文化群体的活动。	1　2　3　4　5
18. 我学习英语，是为了更好地学习其他专业。	1　2　3　4　5
19. 学习英语可能对我重要，因为有利于今后找理想的工作。	1　2　3　4　5
20. 英语课是我欣赏的挑战。	1　2　3　4　5

续 表

表　述	选择项
21. 学习英语对我重要，因为更利于我交朋友。	1　2　3　4　5
22. 我父母认为，我应该投入更多时间学习英语。	1　2　3　4　5
23. 学习英语对我重要，因为帮助我更好地理解和欣赏英语国家的艺术和文学。	1　2　3　4　5
24. 如果我的英语学习有问题，父母会催促我向老师求助。	1　2　3　4　5
25. 学习英语对我重要，因为会使我成为更加博学的人。	1　2　3　4　5
26. 我学习英语是为了让世界了解我国。	1　2　3　4　5
27. 我学习英语是为了最终移民外国。	1　2　3　4　5
28. 讲一口流利的英语，是教育程度和修养的象征。	1　2　3　4　5
29. 学习英语的最主要目的是为了考大学。	1　2　3　4　5
30. 对学好英语我充满信心。	1　2　3　4　5
31. 从内心讲，我对现在的英语学习很有兴趣。	1　2　3　4　5
32. 我要使我的英语成绩超过其他同学。	1　2　3　4　5
33. 我非常喜欢我的英语老师。	1　2　3　4　5
34. 我的老师的教学生动有趣，富于启发。	1　2　3　4　5
35. 英语课外活动丰富多彩。	1　2　3　4　5
36. 教材内容富于吸引力。	1　2　3　4　5

第三部分：请阅读左边栏里的观点，然后在最符合你的情况的部分画圈。

1 = 完全不符合；2 = 不符合；3 = 不确定；4 = 符合；5 = 完全符合；

表　述	选择项
1. 我能够在英语学习中集中注意力。	1　2　3　4　5
2. 我经常制订自己的英语学习计划。	1　2　3　4　5
3. 我把英语单词放在短语或句子中去理解记忆。	1　2　3　4　5
4. 我利用英汉字典查阅学习单词。	1　2　3　4　5
5. 今天要背的英语内容，不会留到明天去完成。	1　2　3　4　5
6. 为了提高自己的英语听力能力，我课外主动听各种英语录音。	1　2　3　4　5
7. 在课堂上，我主动地用英语回答问题。	1　2　3　4　5
8. 练习英语听力时，我首先掌握听力材料的概要。	1　2　3　4　5
9. 在英语阅读时我能抓住文章或段落的主要内容。	1　2　3　4　5
10. 课外，我常阅读一些有趣的英语文章。	1　2　3　4　5
11. 在英语课上，我注意听懂老师所说的英语句子。	1　2　3　4　5
12. 我喜欢和老师同学交流英语学习体会。	1　2　3　4　5

续 表

表 述	选择项
13. 对于下一次英语课要学习的内容，即使老师不要求我也会提前预习。	1 2 3 4 5
14. 除了完成英语作业，我还对所学的内容主动复习。	1 2 3 4 5
15. 在英语课上，我能抓住重点，按自己的方式有条理地记笔记。	1 2 3 4 5
16. 课外，我努力练习说英语。	1 2 3 4 5
17. 我能够不时地检查英语学习计划的实施情况。	1 2 3 4 5
18. 我学习英语单词、句型时，能发现规律，举一反三。	1 2 3 4 5
19. 我能找到适合自己的学习英语的有效方法。	1 2 3 4 5
20. 英语成绩退步时，我鼓励自己继续努力。	1 2 3 4 5
21. 学习英语时，我能把新旧知识联系起来。	1 2 3 4 5
22. 如果在英语考试或作业中出现错误，我会及时纠正，杜绝再犯。	1 2 3 4 5
23. 我乐于和同学们一起进行英语练习活动，如对话、角色扮演等。	1 2 3 4 5
24. 我用多种方法记英语单词，如利用发音规则、重复记忆、联想记忆等。	1 2 3 4 5
25. 英语学习中遇到困难，我知道如何获得帮助。	1 2 3 4 5
26. 我经常制定明确具体的英语学习目标。	1 2 3 4 5
27. 我经常关注自己在英语学习中的进步与不足。	1 2 3 4 5
28. 我积极参与课内外英语学习活动。	1 2 3 4 5
29. 别人说英语时，我注意听。	1 2 3 4 5
30. 我经常购买和使用英语工具书、参考书或配套练习。	1 2 3 4 5

第四部分：请阅读左边栏里的观点，然后在最符合你的情况的部分画圈。

1 = 完全不符合；2 = 不符合；3 = 不确定；4 = 符合；5 = 完全符合；

表 述	选择项
1. 在英语学习中我集中注意力。	1 2 3 4 5
2. 我总是根据需要进行预习。	1 2 3 4 5
3. 我有明确的英语学习目标。	1 2 3 4 5
4. 我注意利用记忆规律提高英语记忆效果。	1 2 3 4 5
5. 我尽量通过多种渠道学习英语。	1 2 3 4 5
6. 我注意通过音像资料丰富自己的英语学习。	1 2 3 4 5
7. 英语学习中遇到困难时我积极寻求帮助。	1 2 3 4 5
8. 在英语学习中我努力克服害羞和焦虑心理。	1 2 3 4 5
9. 我积极参与课内外英语学习活动。	1 2 3 4 5
10. 在英语学习中我善于记要点。	1 2 3 4 5

续 表

表 述	选择项
11. 我有意识地培养英语学习的兴趣。	1 2 3 4 5
12. 我经常制订英语学习计划。	1 2 3 4 5
13. 在英语学习中我积极思考。	1 2 3 4 5
14. 我经常与教师和同学交流英语学习体会。	1 2 3 4 5
15. 我逐步树立学习英语的信心。	1 2 3 4 5
16. 我借助联想把相关的英语知识联系起来。	1 2 3 4 5
17. 我注意调整英语学习中的情绪。	1 2 3 4 5
18. 我经常使用工具书。	1 2 3 4 5
19. 在英语学习中，我乐于向同学提供帮助。	1 2 3 4 5
20. 在英语学习中我经常鼓励别人。	1 2 3 4 5
21. 我注意了解自己在英语学习中的进步与不足。	1 2 3 4 5
22. 在交际中，我注意中外交际习俗的差异。	1 2 3 4 5
23. 使用英语时，我能意识到错误并进行适当的纠正。	1 2 3 4 5
24. 我对英语和英语学习有积极的态度。	1 2 3 4 5
25. 在交际中，我把注意力集中在意思的表达上。	1 2 3 4 5
26. 在学习中，我善于利用图画等非语言信息理解和归纳。	1 2 3 4 5
27. 在交际中，我经常借助手势、表情等进行表达。	1 2 3 4 5
28. 我经常评价自己英语学习的效果，总结学习方法。	1 2 3 4 5
29. 我注意发现英语语言的规律并运用规律举一反三。	1 2 3 4 5
30. 我对所学习的英语内容主动复习并加以整理和归纳。	1 2 3 4 5
31. 在交际中，我能克服语言障碍，维持交际。	1 2 3 4 5
32. 必要时我借助母语知识理解英语。	1 2 3 4 5
33. 我注意把握用英语交际的机会。	1 2 3 4 5
34. 我经常借助情景和上下文猜测英词词义。	1 2 3 4 5
35. 交际中遇到困难时，我能有效地寻求帮助。	1 2 3 4 5
36. 在课内外学习活动中我积极用英语与他人交流。	1 2 3 4 5

第五部分：请阅读左边栏里的观点，然后在最符合你的情况的部分画圈。

1 = 完全不符合；2 = 不符合；3 = 不确定；4 = 符合；5 = 完全符合；

表　述	选择项
1. 我知道自己是佤族的一员。	1　2　3　4　5
2. 在我心目中，佤族是伟大的民族。	1　2　3　4　5
3. 我知道佤族的一些独特的风俗习惯。	1　2　3　4　5
4. 我的民族身份对我而言无关紧要。	1　2　3　4　5
5. 我认为佤族有许多优秀的品质。	1　2　3　4　5
6. 我愿意去学习了解其他民族的语言和文化。	1　2　3　4　5
7. 我知道佤族的一些传说故事。	1　2　3　4　5
8. 我很乐意别人知道我的民族身份。	1　2　3　4　5
9. 要是我不是佤族的一员就好了。	1　2　3　4　5
10. 我会将佤族的文化和语言传承下去。	1　2　3　4　5
11. 与其他民族的成员在一起，我会有距离感。	1　2　3　4　5
12. 在远离本民族的地方遇见佤族人，我会感到亲切。	1　2　3　4　5
13. 我对佤族的历史不太了解。	1　2　3　4　5
14. 我为自己是佤族的一员而感到自豪。	1　2　3　4　5
15. 远离自己所属的民族群体，我会感到不安。	1　2　3　4　5
16. 我希望我的朋友和我是同一民族的人。	1　2　3　4　5
17. 佤族的身份对我的生活有积极的影响。	1　2　3　4　5
18. 其他的佤族成员对我而言就像家人。	1　2　3　4　5
19. 我不会刻意学习和保持佤族的一些风俗习惯。	1　2　3　4　5
20. 我不做我民族不容许的事情。	1　2　3　4　5
21. 我愿意与其他民族的人一起工作和生活。	1　2　3　4　5
22. 我将来会优先选择在佤族居住的地方生活和工作。	1　2　3　4　5
23. 如果听到其他人说佤族的坏话，我会生气。	1　2　3　4　5
24. 我知晓本民族的语言和文字。	1　2　3　4　5
25. 只要有机会，我会选择吃佤族的传统食物。	1　2　3　4　5
26. 我愿意同其他民族的人混居在一起。	1　2　3　4　5
27. 我会庆祝本民族的一些传统节日。	1　2　3　4　5
28. 佤族的将来与我无关。	1　2　3　4　5
29. 我愿意帮助其他民族的人。	1　2　3　4　5

第六部分：请阅读左边栏里的观点，然后在最符合你的情况的部分画圈。

1 = 完全不符合；2 = 不符合；3 = 不确定；4 = 符合；5 = 完全符合；

表　述	选择项
1. 我觉得自己是一个典型的中国人。	1　2　3　4　5
2. 我认为，其他国家的人觉得中国人不错。	1　2　3　4　5
3. 与外国人接触时，我会主动表明自己的中国人身份。	1　2　3　4　5
4. 我认为，中国人有很多值得自豪的地方。	1　2　3　4　5
5. 与外国人交往时，我会为自己的中国人身份感到苦恼。	1　2　3　4　5
6. 我的中国人身份，与我如何看待我自己有关系。	1　2　3　4　5
7. 我认为，大多数外国人都尊重中国人。	1　2　3　4　5
8. 我的中国人身份阻碍了我的发展。	1　2　3　4　5
9. 我觉得，我和其他中国人的差别很大。	1　2　3　4　5
10. 我很高兴自己是一个中国人。	1　2　3　4　5
11. 总的来说，中国人很善良。	1　2　3　4　5
12. 我觉得，大部分的外国人不看重中国人。	1　2　3　4　5
13. 如果有来世，我还是愿意做一个中国人。	1　2　3　4　5
14. 我想，外国人看到我，会觉得我就是中国人的样子（体貌）。	1　2　3　4　5
15. 我希望自己不是一个中国人。	1　2　3　4　5
16. 我觉得，其他中国人获得成功，就相当于我自己取得成功。	1　2　3　4　5
17. 我认为，中国人能力强。	1　2　3　4　5
18. 是不是一名中国人，不会影响到我对自己的看法。	1　2　3　4　5
19. 听到外国人夸中国人时，我感觉就像表扬我自己。	1　2　3　4　5
20. 我和其他中国人有很多相似的性格和特点。	1　2　3　4　5
21. 我是一位中国人，我对此感到遗憾。	1　2　3　4　5
22. 我觉得，大多数的外国人对中国人很友好。	1　2　3　4　5
23. 我个人的前途与所有中国人的前途关系不大。	1　2　3　4　5
24. 我尊重其他中国人。	1　2　3　4　5
25. 我和其他中国人对大多数的事情的看法差不多。	1　2　3　4　5
26. 总而言之，我对中国人感觉良好。	1　2　3　4　5
27. 如有可能，我愿意成为比中国好的国家的人。	1　2　3　4　5
28. 我觉得，中国人的事情就是我的事情。	1　2　3　4　5
29. 我为自己是中国人而自豪。	1　2　3　4　5
30. 如果外国人说中国人的坏话，我觉得，这与我无关。	1　2　3　4　5

续 表

表 述	选择项
31. 当外国人责难其他中国人时，我觉得就像在责难我自己。	1　2　3　4　5
32. 平时，我经常会想到我是一个中国人。	1　2　3　4　5
33. 与外国人打交道时，他们会觉得我的中国味很浓。	1　2　3　4　5
34. 我觉得，大部分外国人对中国人评价不高。	1　2　3　4　5
35. 中国人身份对我很重要。	1　2　3　4　5